研究方法·基础应用

U0587675

质性文本分析：
方法、实践与软件使用指南

Qualitative Text Analysis:
A Guide to Methods, Practice and Using Software

〔德〕伍多·库卡茨（Udo Kuckartz） 著

朱志勇　范晓慧　译

重庆大学出版社

译者简介

朱志勇　　香港大学博士（Ph.D.），北京师范大学教育学部教育管理学院教授、博士生导师。研究的学科（理论）视角是教育社会学，进行实证研究时擅长于质性研究方法（论），研究兴趣（话题）主要有族群教育、学校教育与社区发展、校长领导力、课堂教学、博士教育等。在教学方面，除了专业课程以外，多年来一直进行硕博士研究生的质性研究方法课程的教学与反思。

范晓慧　　翻译学硕士，2000—2015任职于河海大学外国语学院，从事翻译学的教学与研究工作。2015年后就职于北京市中关村第四小学，从事小学英语的教学与研究工作。

《质性文本分析：方法、实践与软件使用指南》的翻译受到北京师范大学研究生院2016—2018年教学科研基金的资助，该基金资助了校级研究生两门课程《质性研究方法》与《质性研究方式与质性资料分析》的教学、研究与翻译出版。同时该著作的翻译也受到国家社会科学基金"十三五"规划2016年度教育学一般课题（课题立项号：BIA160119）的资助，特此致谢。

作者介绍

伍多·库卡茨（Udo Kuckartz）现为德国马尔堡菲利普大学（Philipps University Marburg）教育系教授，研究方向为教育研究与社会研究方法论，讲授的课程包括质性和量化方法、研究设计概论和混合方法研究。他曾先后任职于柏林自由大学（Free University Berlin）、德雷斯顿工业大学（Technical University Dresden）和柏林洪堡大学（Humboldt University Berlin）。他在德国亚琛工业大学（RWTH Aachen）获社会学和政治学硕士学位，柏林工业大学获社会学的博士学位，博士论文题为《论计算机如何处理语言数据》（*Computer and Verbal Data*），数年之后，在柏林自由大学教育研究系获得特许任教资格（habilitation），被聘为教授，从事教学与科研工作。

目前，伍多已经出版专著 17 部，发表期刊与论文集文章共计 180 余篇，其中多数的专著讨论质性与量化方法论，如质性评估、在线评估，他还著有计算机辅助质性数据分析、统计学简介等教科书。自 1980 年代起，伍多开始致力于质性数据分析（Qualitative Data

Analysis，QDA）的计算机辅助方法研究。得益于博士阶段的研究与知识积累，他成了 QDA 软件的先驱者，创建了 MAX 软件，后更名为 winMAX，即如今全球学者都在使用的 MAXQDA。

伍多正着手写作其第 18 本专著，一本专门介绍混合方法的教科书[1]。在马尔堡菲利普大学，他成立了 Magma 研究小组，负责组织召开一年一次的计算机辅助质性数据分析（Computer-Assisted Qualitative Data Analysis，CAQD）大会。

伍多的研究重点是环境问题，尤其是人们的环境态度和行为，人们对气候变化的看法。他为德国联邦环境、自然保护与核安全部（German Federal Ministry for the Environment，Nature Conservation，and Nuclear Safety）主持了许多全国性的环境态度调查研究，此外，他也承担过德国联邦环境署（The Federal Environmental Agency）、德国环境保护局（German Environmental Protection Agency）和德国联邦自然保护局（German Federal Agency for Nature Conservation）的相关研究项目。

---

[1] 该书为 *Mixed Method：Methodologie、Forschungsdesigns und Analyseverfahren*（德语版），2014 年出版。——译者注

前 言

在大学任教的这些年间，我发觉硕士和博士生在分析质性数据时都显得不那么自信。出于对分析方法的迷茫，他们急于寻找一种恰当的分析策略，尤其是能应用于自己实际分析中的策略。我一直在思考如何根据自身实践来指导他们进行质性数据系统化分析，本书的付梓终于让我如愿以偿。这是因为，本书的目的就在于解决他们的问题，本书直接地呈现了质性文本分析过程中的核心步骤，详细地描述了质性文本分析的三大主要方法：主题分析、评估分析和类型建构分析。

本书所描述的质性文本分析，源自主题分析、扎根理论、传统内容分析和其他理论。这是一种阐释性诠释的系统化分析（hermeneutical-interpretive informed systematic analysis）。在欧洲国家，术语"质性内容分析"常用于此类分析中。在以英语为母语的国家，"内容分析法"往往是与量化范式相关联的，因而，术语"质性内容分析"似乎自身是个矛盾体。为了避免这些误解，本书使用"质性文本分析"来替代。本书详细地描述了质性文本分析的三种方法，着重介绍了各种复杂的分析类型以及呈现结果的方式。现代计算机技术的发展极大地拓展了质性文本分析的可能性，本书也将展示如何使用 QDA（Qualitative Data Analysis，质性数据分析）软件来进行分析。

本书所描述的三种方法分别是文本主题分析、文本评估分析和文本类型建构分析，这是彼此独立却可互为基础的方法。Uwe Flick（2006: 295-298）区别了使用"编码和分类"和使用"序列分析"（即，"谈话和话语分析""叙事和阐释性分析"）的质性数据分析法。本书所讨论的三种分析法属于第一类，即基于类目的质性数据系统化分析法（category-based methods for the systematic analysis of qualitative data）。

同 Clive Seale 等人（Seale，1999b；Seale & Silverman，1997）一样，我也努力建构质性社会学研究（qualitative social research）方法论。我相信，犹如其他分析方法对社会科学的重要性，准确描述分析方法，充分认识到质量标准，在质性文本分析中也是至关重要的。随着计算机辅助分析技术的发展，各种编码和检索、链接和做记录的方法，复杂的质性数据分析模型与视觉化方法，所有这些工具都有助于有效地提高分析的质量。越以研究数据为基础、越对研究负责、研究过程越透明、记录越完善，就越可能提高质性分析的可信度，提高整个学术界对它的总体认可度。鉴于此，本书将计算机技术看作不可或缺的要素，视其为方法中的一部分。

本书旨在根据自身经验介绍质性文本分析的方法，使用的实例为质性访谈分析，更具体而言，是提纲结构化访谈分析。理论上讲，这三种方法也适用于其他数据类型，如叙事访谈资料、观察协议数据、视觉数据、图像和文件等，不过使用时需要作相应的调整。这些方法不是一成不变、制约性的，可以根据实际研究分析中所采用的方法而加以修改、拓展和区别化。Huberman 和 Miles 曾就评估性策略的灵活运用做了如下论述：

> 数据分析不是现成的，相反，是要为某一具体研究定制、修改和精心组织的。（引自 Crewell，2003：142）

本书不是介绍一种万能的质性数据分析方法，相反，是介绍分析的各种方法，研究者需根据具体的研究情境加以修改。

本书的框架结构如下：第 1 章"如何分析质性数据？"呈现根本依据，讨论研究问题的重要性和关键作用。第 2 章和第 3 章进而转向严格意义上的质性文本分析。第 2 章追溯质性文本分析不同"来源"的路径，如扎根理论、主题分析、经典的量化内容分析等，之后第 3 章陈述了质性文本分析的基本概念和一般过程。第 4 章是本书的核心部分，详细描述了质性文本分析的三大基本方法。第 5 章聚焦于整个分析过程中计算机软件能够提供的帮助，这个过程包括从誊录到研究结果的再现和可视化。接着第 6 章致力于质量标准、创建研究报告、编制分析过程文档。我本来打算在"计算机辅助质性文本分析"这章之前设想质量标准这一章，但是后来证明这是不切实际的，因为在评估质性文本分析质量时，计算机软件自身的使用对于质量评估来说是相关的。如果这章要不断地引用另外章节的东西，那么这章就只能安排在被引用章节的后面，因此，我认为最终把质量标准安排在最后一章是明智的。

在互联网时代，我们发现文本经常不是被按顺序阅读或整体阅读的，有时候可以被理解成一种超文本（hypertext）。人们经常精挑细选地搜索他们需要的信息。然而，这本书没有顺应这个趋势，它有一个单向线性的结构，例如，单独的章节之间彼此是相互联系的，因此本书就需要读者们连续阅读。

伍多·库卡茨，马堡市，2013 年 4 月

致 谢

　　我在马尔堡菲利普大学从教的这十多年里，在校内乃至世界各地做了多场讲座，参加了多场研讨会，本书正是这些学术活动的结晶。在此，我诚挚地感谢我的同事与学生，感谢他们促成我形成系统化的质性文本分析的概念，并帮助我检验其实际运用与实施的效果。感谢 Stefan Raediker，Claus Stefer，Thomas Ebert，Uta-Kristina Meyer，Julia Busch 以及我的妻子 Anne Kuckartz，他们在本书撰写的过程中给予了许多建设性的意见。感谢 Mailin Gunkel，Gaby Schwarz 和 Patrick Plettenberg 热心地帮助进行本书的设计、文献目录的编制和技术制图。在此，也感谢 John Creswell 一再地鼓励我将我的德语著作翻译成英文，推广到讲英语的世界中去。

　　从记录初步想法到清稿付梓，本书的撰写依旧是一次漫长的过程，途中充满奇趣也富有挑战，在此再次感谢所有一路支持过我的人。

目
录
/

图目录

表目录 /

第 1 章

如何分析质性数据

本章概要

· 质性与量化数据的差异性
· 术语"质性数据分析"的模糊性
· 质性、量化和混合方法研究之间的关系
· 研究问题在分析中的重要性
· 质性研究中方法论严谨的必要性

1.1 质性与量化概念的几点说明

究竟什么是质性数据？什么是量化数据？即便是外行人也知道，量化数据直接与数字和统计有关，比如经济领域中的成本问题，而质性数据则不那么明确，在日常生活中、在不同的学科领域中它有着不同的意义。比如，人力资源方面，员工满意度、动机和工作环境等属于质性数据，而量化数据即硬数据，涉及人力成本、职员总数等。对于地理学者而言，各个社区居民的数量是典型的量化数据，而将城市划分为各个区段则属于质性数据。心理学上，质性数据通常指定类（nominal）或分类（categorical）尺度的数据，这些都是来自标准化的（量化）研究领域的实际数据。一些教科书的标题为"质性数据"，实则是分类数据的量化分析方法。

本书采用的是对质性和量化数据的应用性界定：

> 数值数据，即数字，人们一般视其为量化数据；质性数据相对
> 更为多样化，包括文本、图像、电影、录音、文化实物等。

尽管过去十年间多媒体有了巨大的变革，文化中的视觉要素空前地凸显，文本依旧是社会科学、心理学、教育领域中主流的质性数据。本书所描述的质性数据分析法最初就是为文本这种数据类型设计的，本书使用的范例均是文本。理论上，这些方法可以运用到诸如图像、电影和录音等其他质性数据上。

本书的基本出发点与社会研究方法论教科书中常见的观点不同，认为质性数据和其他（量化）数据同等重要，并不存在类似于定类尺度（nominal scale）、定序尺度（ordinal scale）和定距尺度（interval scale）这种从低到高排序的分析形式的等级体系。"真正的科学"不是始于数字、量化和数据统计分析的。这一点在其他学科中已充分彰显，比如包括地球物理学和医学在内的许多科学学科，科学家们研究的是非数值数据，如在高级医学成像技术（MRI，NMRI 等）方面。质性数据不再缺乏说服力，它们只是另一种数据形式，需要另一种复杂而系统化的分析。

Bernard 和 Ryan（2010：4-7）对此作了论述，他们提出的术语"质性数据分析"本身模糊不清，这种模糊性在"质性""数据"和"分析"以不同方式组合在一起时立刻突显出来："质性数据的分析"指分析上述的文本、图像、电影等的质性数据，"质性的数据分析"可以指质性地分析各种质性和量化数据。"数据"和"分析"之间的组合见表 1.1（Bernard & Ryan，2010：4）[1]。

该表格共分为四大单元格，两单元格为预期的，另外两单元格为非预期的。左上单元格 A 与右下单元格 D 为我们所熟悉，前者是质性数据的质性分析，包括阐释学分析、扎根理论或其他质性分析法，后者为量化数据的量化分析，研究方法是统计法，是典型的数值数据分析的过程。

---

[1] 该表格源自 Bryman（1988），区分的是质性和量化研究，而非数据。Bryman 认为单元格 B 和 C "不协调"。

表 1.1　质性、量化数据与分析（Bernard & Ryan，2010）

分　析	数　据	
	质　性	量　化
质　性	A 诠释性文本研究；阐释学、扎根理论等	B 探寻和陈述量化结果的意义
量　化	C 将文字转换为数字；传统内容分析、字数统计、自由列表（free list）、累积分类（pile sort）等	D 对数值数据进行统计和数学计算

　　非预期的为单元格 B 和 C，C 为质性数据的量化分析，可包括对词频和词语组合的分析，B 为量化数据的质性分析，即对量化数据进行诠释，从计算采用了几种统计方法开始，以表格、系数、参数估计值的形式呈现统计结果，然后识别和诠释这些结果的意义。缺少了诠释，这些原始数字的量化分析是无效的，根本没有意义。正如 Marshall 和 Rossman 所强调的，诠释行为不可避免：

　　　　诠释行为在质性和量化数据分析中依旧很神秘。它赋予原始的、无意义的数据以意义，无论研究者采用标准差、平均值等术语还是对日常事件进行丰富的描述，该诠释过程都是不可或缺的。原始数据内在没有意义，正是诠释行为赋予它以意义，并通过书面报告将此意义展示给读者。（Marshall & Rossman，2006：157）

　　Bernard 和 Ryan 的区分明确地表明，数据类型并不决定分析的类型。如果是这样，显然可以对质性数据进行量化分析，同样也可以对量化数据进行质性分析。我们没理由认为质性和量化分析法之间存在难以逾越的鸿沟，无论在日常生活还是在科学中，人们都自然地倾向于混合各种方法，我们总是试图将社会现象的质性和量化两个方面都看到。

1.2　质性、量化和混合方法研究

　　通过阅读探讨质性数据分析法的专著，人们不仅希望知道什么是

"质性数据""量化数据"，而且还希望知道什么是"质性研究"，这不只是"对非数值数据的收集与分析"。对于质性和量化研究，当下有许多相关的界定及相应的对比尝试。

Flick 在其教科书《质性研究导引》（*An Introduction to Qualitative Research*，2006）中对质性研究的动态作了如下论述：

> 质性研究持续迅猛地发展，新的方法和手段不断地涌现，越来越多的学科将其视为自己课程中的核心部分。（Flick，2006：xi）

Denzin 和 Lincoln 在其最新编著的《质性研究手册》（*The SAGE Handbook of Qualitative Research*）中强调质性研究的多样性，指出这一特点导致万能的定义根本不存在：

> 质性研究的开放性特征使得任何想通过单一概括性的研究范式来实施研究的尝试都变得不切实际。比如，本土学者的去殖民主义方法论研究等许多的诠释性研究；批判教育学（critical pedagogy）理论；表演性/自我民族志（performance/ auto ethnography）；立场现象学（standpoint epistemology）；批判种族理论（critical race theory）；批判的、公众的、诗学的、酷儿的、唯物主义的、女性主义的和反思性的民族志；与英国文化研究和法兰克福学派相关的研究；几种扎根理论分支；民族志方法论（ethomethodology）的多元分支……（Denzin & Lincoln，2011：xiii）

质性研究包含各种个体化的，甚至有时异乎寻常的方法和手段。在 1990 年代早期，Tesch 尝试用思维导图（mind-map）式的表格将各种质性研究方法组合起来，结果出现了从"行动研究（active research）"到"变革性研究（transformative research）"近 50 种不同的质性分析方法、趋势和形式（Tesch，1992：58-59）。Tesch 将各种方法组合在一张认知图（cognitive map）中，根据研究者的研究兴趣加以区分，这些兴趣具体分为：①旨在寻找语言特征；②旨在探寻规律；③旨在理解文本或行为的意义；④旨在进行反思。

几乎所有论述质性方法的教科书似乎都致力于创建一个全新的质性分析法的分类，这些分类的结果各不相同，比如，时隔不到十年，Creswell 提出了完全不同于 Tesch 的分类，他区分了五大（主要的）质性研究：叙事研究、现象学、扎根理论研究、民族志和案例研究（Miller & Salkind, 2002：143-144）。Tesch 的分类主要侧重于研究者的研究兴趣，而 Creswell 则关注现象和实用因素。可以说，Creswell 并不致力于创建一个包罗万象的分类，相反，他只研究在实践中使用最为频繁的方法。

对分类的多样性加以系统概述不是本书的主旨，质性研究的多样性也表明，人们还没有达成一致的基础理论或方法论认识（参见 Flick, 2007a: 29-30）。鉴于此，"质性研究"的定义千差万别。一些要素，如案例取向（case-orientation）、真实性（authenticity）、开放性（openness）、完整性（integrity）等几乎出现在所有的定义中。下文是 Flick, von Kardorff 和 Steinke 总结的质性研究的12 个特征：

1　是一系列而非单一的方法

2　方法恰当

3　具有日常事件或日常知识取向

4　语境性是其指导原则

5　研究参与者的视角

6　研究者具有反思能力

7　理解是发现的前提

8　开放性原则

9　案例分析是研究的起点

10　现实建构是研究的基础

11　质性研究是文本研究

12　目的在于发现和生成理论

（Flick, von Kardorff & Steinke, 2004: 9）

论述研究方法的教科书会对质性和量化研究进行对比。Oswald 在题为《什么是质性研究》（Oswald, 2010）的文章中指出，质性和量化方法是个连续体，它们之间有相似和重合的地方，存在各种实用的组合体。在 Oswald 看来，量化研究中存在质性特征（通常被称为分类数据），统计分析的结果是要被诠释的。这一点非常类似于上文提及的 Bernard 和 Ryan 的观点。另一方面，质性研究通常存在准定量性（quasiquantification），这体现在"经常""很少""通常"和"典型地"等术语表达上。下面是 Oswald 对质性和量化研究之间差异的描述，颇具启发性：

> 质性研究使用非标准化的数据收集法和数据分析诠释法，和多数的量化方法一样，这种诠释要具有概括性和总结性，同时与案例相关联。（Oswald, 2010: 75; 从德文翻译成英文）

根据 Oswald 的观点，质性和量化方法彼此互不排斥，这观点如今成了混合方法的讨论核心，在过去的十年已经在英语国家，尤其是美国发展成了一种运动。倡导者们认为，混合方法是一种全新的现代方法论，以新的第三范式来克服陈旧的二元方法。Creswell, Plano, Tashakkori 和 Teddlie 等许多学者已经详细阐述了这种混合方法，并为混合方法研究制订了各种清晰的设计方案[1]。他们为实践研究项目提供的方案非常有趣，与许多学科相关联。从方法论角度上讲，Udo Kelle 整合各种方法的研究应该归属于此类（Kelle, 2007b）。混合方法要求实用主义（Crewell & Plano Clark, 2011: 22-36），Kelle 的方法（2007b）则是认识论的，首先探讨的是对一百多年来一直塑形着人文和自然科学的解释与理解的不同观点，人们提出的各种整合方法，这属于方法论范畴，

---

[1] Tashakkori 和 Teddlie 的《混合方法手册》（*SAGE Handbook of Mixed Methods*, 2010）对混合方法的许多方面进行了很好的综述。

他试图在更大层面上将各种方法的组合进行实体化。他回溯到经验社会研究（empirical social study）、质性和量化争议的初始阶段，提出如何可以在社会科学领域形成基于经验的理论，形成"因果解释"，从理论上讲，这个在 Max Weber 的研究中早已出现（Kuchartz，2009）。

1.3　研究中质性数据分析面临的挑战

自 1990 年代早期，在社会学、教育学、健康科学、政治学以及部分心理学中，经验研究的方法论取向已经发生了改变，在 1980 年代还很落后的质性研究，如今却日渐流行，尤其受到年轻科学家的青睐。各种会议，比如柏林方法论研讨会（Berlin Methods Meeting）、国际质性研究大会（International Congress of Qualitative Inquiry）[1]等，见证了质性研究在当今世界所掀起的研究热潮。

在质性研究逐渐盛行的同时，相关的方法论文献数量也日渐增多，以英文最多。这些探讨质性方法和混合方法的文献主要关注数据收集和问题设计，相对忽视了质性数据分析的问题。比如，在 Denzin 和 Lincoln 编著的《质性研究手册》中，只有三篇文章明确地探讨数据管理与分析模式[2]。

在德国的一个博士网络论坛上，有位毕业生发布了寻求帮助的帖子，全文如下：

---

[1] 在 Norman Denzin 领导下该大会每年在美国伊利诺伊州的厄巴纳市（Urbana）举行。

[2] 过去很少有专门论述质性数据分析的文献，如 Dey（1993）、Miles & Huberman（1995），在最近几年涌现出许多，如 Gibbs（2009）、Bernard & Ryan（2010）专门探讨各种分析的方法。

大家好：

　　我真的很想为自己的硕士论文做个网上调查，研究成年子女与其父母关系的划分或分化问题。由于我的构念不好理解，导师最近建议我使用质性研究来开展整个研究，并进行访谈。

　　现在我在阅读大量的文献，它们多数来自社会科学领域，却根本没有明确地表达如何分析质性数据，一切都是那么含糊不清。我迫切地需要在研究的最后对研究结果加以讨论，现在感觉有点迷茫、无助。你们有谁能给我点建议吗？

祝好

Dana

　　该研究生是对的，要想找到一个切实可行的具体的质性数据分析法不是件易事。这正是本书构思的基础，本书旨在说明质性数据分析的方法以及如何系统地运用方法论。收集质性数据是有趣且激动人心的事情，简单易做，通常不存在大的方法论问题，研究者在研究早期所面临的问题不是采用什么方法来收集信息，而是研究者如何进入现场，以及在现场该如何表现等问题。收集完数据，使用录音设备记录了访谈，转录了访谈、田野记录或收集到的录像数据，下一步该怎么做？

　　此刻研究者会感到困惑，会因为分析过程和评估的每个步骤在前人的文献中没有明确、详细地描述而无法付诸实施，从而规避使用质性研究。其实这是一个普遍问题。即便是国家级大型项目中，对于数据分析的方法也常描述得很含糊。研究者常使用空洞的词组去描述"该分析来自扎根理论""根据 Silverman 观点进行的诠释""根据质性内容分析""将各种方法组合与缩略"等，却总是省略掉了对整个分析过程精确且易于理解的陈述。

　　另一方面，在质性数据分析法的讨论中人们常有"什么都行"[1]

---

[1] 美国科学哲学家 Paul Feyerabend (1975) 提出的"什么都行"原则，本意不是给予研究者许可证，让其在方法论上随意使用，而是让研究者在其研究中采用创造性方法。

这种思想。通读了论述质性方法的文本之后，得出这种结论的人相信自己或多或少可以做自己想做的，可以进行华丽的诠释，尽情地发挥想象与联想，不担心严格的方法论专家会拒绝自己并灭了他们的威风。他们甚至可以在讨论质性研究的质量标准时运用建构主义和后现代观点，强调社会本身是认知建构的，多元的世界和世界观是并存的，通用的客观的质量标准早已过时。但是本书不赞成这种观点。Seale（1999b）提出的"微现实主义（subtle realism）"是令人信服的，在探讨质性研究的质量时，他在 Hammersley（1992）的研究基础上务实地呼吁：既不能完全遵循客观性、信度（reliability）、效度（validity）等传统研究中严格的规则，也不能全盘否定一般标准和准则，要在这两个极端之间进行折中。他提倡形成适当的质量标准，对分析过程进行精确描述和记录（见第 6 章），这无疑在"持怀疑态度的读者"（Seale，199b：467）和研究机构面前提高了研究的可信度和声誉。

1.4　研究问题的重要性

研究问题是任何研究的核心，指向研究预期取得的成果，研究的具体问题，研究的原因以及它的实用目的，采取什么研究类型来获取研究问题相关的信息数据及什么研究方法最为合适？

Miller 和 Salkind（2002）区分了三种基本的研究类型：基础研究、应用研究及评估研究。尽管基础研究理想的研究方法是实验法，对假设进行检验，但总的来讲，这三种研究都适用于质性和量化研究法。Miller 和 Salkind 认为，研究问题的各种方向构成了各种研究方法的差异：

> 他们不是相同问题的另一种解答方式，相反，是用相对崭新的方式来回答不同类型的问题，有着独特的研究方法，一组截然不同的基本假设，体现着如何最佳地研究个体和群体行为的不同的世界观。（Miller & Salkind，2002：143）

还有教科书区分了四种研究：探索性研究、描述性研究、假设检验研究和评估研究（Diekmann，2007：33-40）。这四类研究都可采用质性和量化研究法，在同类研究中也可以采用这两种方法的组合形式。不同类型的研究所用的质性研究法所占比例各不相同。多数的质性研究法可运用在探索性研究中，描述性研究则因其目的是尽可能地进行总的综述而更多地依赖于量化导向的调查研究法。这四类研究都离不开研究问题，很难想象一个缺乏研究问题的研究。无论是准备硕士、博士论文还是研究计划以获取经费资助，首先要做的就是制订研究计划，着重陈述并探讨研究问题。

在设计研究问题时，通常需要理论架构，这反映出研究者的已有知识，研究者需要问自己：该领域的研究我了解多少？现有文献有哪些？哪些理论可以用来阐释该研究问题？我自己存在什么成见？我所在的科学群体中普遍存在的成见有哪些？

提出这些问题并不有悖于质性研究的开放性特征。人们普遍认为，研究者是"光板"，是"白板"，能够不带任何先验知识开展一项新的研究，这完全是幻想（Kelle，2007a，2007b）。研究者的大脑从未"空白"过，先验知识总是存在的，即便进行了充分的思考之后决定不参考已有的研究结果，以便自己"毫无成见"地提出研究问题、开展研究，研究者还是要反思自己这样做的理由并将之记录下来。仅仅引用那些推崇无理论、无成见的研究方法的研究者们不足以证明其合理性，研究者需要反思，解决自己研究问题的这种刻意回避理论的方法为何是恰当的，为何这种方法能产生更好的结果。人们经常会提出扎根理论，指出该理论反对将阅读研究话题相关的书籍作为一种研究方法论。这使得质性研究遭到质疑。这种误解出现在早期关于扎根理论本身的文本解读中（Glaser & Strauss，1998），在当今各种扎根理论研究中已经得到了纠正（Cisneros-Puebla，2004；Kelle，2007a，2007c）。

当然，在社会研究中有时先去现场获取体验是非常有益处的。比如，想观察和体验无家可归的人如何生活，就不能简单地坐在图书馆，阅读关于这类人群的社会学和心理学文献。不过，如果想分析年轻人中右翼思想的成因，往往就不能忽略前人早已对该问题作出的研究结果。本书的观点是，在探究社会现象时先阅读现有文献是必需的明智之举。Christel Hopf 就曾鼓励研究者针对特定的话题深入研究当前的相关研究现状：

> 因此，没理由草率而悲观地认为自己必须独立地作出判断，这会让你丧失许多机会，无法以现有研究为基础进行理论导向的经验研究，并获取洞见。（Hopf & Schmidt，1993：17）[1]

1.5 研究方法严谨的必要性

为何要系统化地严格根据规则来分析质性数据？这样的方法是否阻碍了质性方法的创造性和开放性？自 1990 年代中期以来，人们一直在积极地探讨质性研究中的质量和效度问题，对现有量化研究质量标准的接受与利用形成了三种主要态度：

1. 普遍性：量化研究的标准同样适用于质性研究
2. 独特性：必须形成适合质性分析的独特标准
3. 排斥性：质性研究一般排斥质量标准

Flick（2006：379-383）增加了第四种态度，认为研究者除了应该回答如何建立标准之外，还必须能够回答总体质量的管理问题，这需要将整个研究过程纳入考虑之中。至于质性研究质量标准的一般探讨，参考相关的文献就足矣（Flick，2007a；Seale，1999b；Steinke，2004）。这种质量标准与质性文本分析法的关注点是相关联的，以上述的第二类态度为基础，即，必须形成独特的恰当的质

[1] 这是从德语到英语再到中文的转译。——译者注

性研究标准，不能简单地借用量化研究的质量标准。受到心理学测量理论的启发，量化研究建立了客观性、信度和效度标准，几乎所有论述社会研究法的教科书都有相关的陈述。这些标准的基础是测量的科学逻辑（scientific logic of measurement），更倾向于可测量的变量（如信度系数）。而质性研究的质量标准则不能基于计算和测量上，因为这样的计算数据是不存在的。Flick（2006）指出，质量标准本身必须更注重研究过程。

近年来，人们更致力于推崇精确化（precisify）质性方法和混合方法的研究过程[1]，并讨论质量的各个方面（Flick，2006：367-383）。人们尤其关注 Clive Seale 的研究。如上文所示，Seale 和 Silverman（1997：16）提出要保证质性社会研究的严谨性，并建立质量标准。这是否说明，我们该接纳量化研究质量标准背后的逻辑并运用固定的技术评估工具？Seale 提出的"微现实主义"是个中间路线，强调既不轻易地全盘接受也不决然地排斥传统的质量标准，量化研究中的标准不可以直接引用到质性研究中。

质性研究实施的环境是自然的，有别于假设推论的研究模式。后者的中心在于检验假设，目的是寻找相关性，创建可以概括化的因果关系模式。质性研究也可以概括化，但这不是其主要目的。质性研究分析很少使用假设推论这一概括性的研究逻辑（Seale，1999b：107）。假设推论模式的目的在于发现通用的长期有效的模式甚至是规律，质性研究尤其是理论建构的扎根理论研究，其研究目的则是形成中层理论（middle range theory）。

为什么必须严谨、有序地分析质性数据？为何应开展各种系统化分析，尤其是质性文本分析，其答案在以下这五个方面：

1. 避免轶事化（anecdotalism）：由于要分析的是所有的数据，而不只是所呈现的一些引言，系统化分析要避免"轶事化"的陷阱。

---

[1] John Creswell 提出的混合方法研究的不同设计就是一个很好的例证。详见《混合方法研究：设计与实施》一书。

2. 透明性：对于分析过程进行详细而透明的描述，能提高科学团队和其他有兴趣的读者的一般认知。

3. 信任：遵循一定的标准，能增强人们对研究者和研究结果的信任。

4. 声誉：方法论标准有助于质性研究者提高自己在所属的科学团队之外的声誉。

5. 提高基金资助机构的兴趣和认可程度。

研究要严谨、有序也与质性研究中的量化问题有关：

> 正如上面章节中提到的，数字在质性研究中占有一席之地，比如，它有助于敏锐地获取某一处的知识，这种知识又关系到另一处的行为与认知。数字还有其他各种用法，能提高质性研究的质量……（Seale，1999b：120）

对于质性研究中数字运用的优势及如何使用以进行有意义的概述（Seale，1999b：119-139），Seale 提出了"能算则算（counting the countable）"的原则。数字可以承担不同的功能，可以是简单的频率、百分比，也可以应用卡方检验（chisquare test）或聚类分析（cluster analysis）的交叉表等复杂的统计计算。数字可以用于阐明论点，支持理论，帮助概括。Seale 强调"避免轶事化"，强调精确地使用数字的重要性（Seale，1999b：138）。

第 2 章

质性文本系统化分析的基础

本章概要

· 文本分析相关的基本问题
· 传统上诠释书面文本的阐释学
· 各种处理符码和类目的质性文本分析法
  → 扎根理论是一种方法，在其中符码和类目至关重要
  → 传统内容分析及其起源，可追溯至 20 世纪早期的德国社会学家 Max Weber
  → 人们对传统内容分析的批判，如何概念化质性内容分析
· 社会研究方法教科书中所描述的其他质性文本分析法

对于如何分析和诠释文本，诸如社会科学、政治学、心理学和教育学等各学科都形成了各种方法和手段。这些方法的精确程度都差不多。其中一些，比如扎根理论，为人们耳熟能详，得到全球的认可，另一些则主要局限于某一学科或某个国家内使用。

这些方法犹如砖石，建构了本书所陈述的质性文本系统化分析法。下面将重点概述四种方法：

1. 古典阐释学
2. 扎根理论中的编码
3. 内容分析与质性内容分析
4. 各种教科书中所描述的研究实践

这些方法采用的编码形式不同，依据的理论假设也各异，鉴于篇幅，本书不详细地——道来，本章呈现的各种方法都涉及符码和类目，

古典阐释学除外，它是文本诠释的艺术和科学，通常不涉及符码。本章首先陈述阐释学中适合社会科学各种文本分析的主要观点。阐释学这种方法，不同于扎根理论或内容分析，它涉及分析和诠释过程的整个框架，因而能启发和促进质性文本系统化分析的建构。

本章接着论述扎根理论，尤其是扎根理论处理符码和类目的方式，例证了如何在多步骤过程中形成符码，从简单的"开放式编码"到最终发现"核心类目"和生成理论。

与此种发现型方法相反的文本分析，是具有百年历史的传统文本分析。文本分析不是去发现作为分析过程中核心因素的符码和编码系统，而是将编码系统运用到界定好的文本中。内容分析主要是在数值数据矩阵中利用类目系统来转录文本，但这常招致批评，批评者认为需要融入质性方法。质性文本分析则试图克服传统内容分析的缺陷，将诠释的各个步骤融入分析之中。

最后，本章回顾论述质性数据分析法的各种教科书，它们提供了很好的研究实例，并就如何分析质性访谈与质性数据提供了一般性的建议。

本章旨在概述各种方法的主要特征，无法做到面面俱到，要进一步深入地探索具体的研究方法，请参考本章提及的相关文献。

2.1　古典阐释学

在社会研究中如何分析文本？如果不理解文本，就只能分析其文字或句法特征，以期获悉文本长度、文本总字数、不同词的使用次数、句子的平均长度、从句的数量等。这些信息在文字处理软件中选择 [属性 > 统计（Properties > Statistics）] 就可以全部获取。然而，如果想分析文本的语义，就需要知道如何理解和诠释文本。在日常交往中，我们天真地相信人们生来就能彼此理解，以为翻开报纸就能读懂关于欧元问题以及欧洲各国如何处理该问题的文章。不过，再仔细阅读一遍，却会发现真正要理解这篇文章需要丰富的背景知识和其他的相关信息。首先，我们要理解人们交流所使用的语言，如果这是一份用 Kinyarwanda 语[1]写的新闻报道，自然几乎没人能读懂。事实上，多数读者可能根本不知道这是什么语言。即便掌握了语言知识，要理解什么是欧元、欧洲有哪些国家、使用哪些不同的货币等都需要大量的背景知识。真正理解这篇文章，还需要知道欧元的历史，要熟悉欧洲大陆使用单一货币的目的。

术语阐释学来自希腊语 ἑρμηνεύειν，原意指解释、诠释或翻译。因而，阐释学是诠释的艺术，是理解书面文本的方法。作为一种理解理论，阐释学有着悠久的历史，可追溯至中世纪对圣经的诠释甚或是柏拉图。在科学思想领域，阐释学出现在 19 世纪晚期，Schleiermacher 和 Dilthey 作为领衔的哲学家，提议将阐释学作为人文科学领域的科学方法，取代自然科学中的解释法。文化产物如文本、插图、音乐甚至历史事件，必须在情境中形成与理解。Dilthey 指出，我们阐释自然，但在人文科学领域我们需要建立一种以理解与诠释为依据的截然不同的方法论基础。

解释与理解的差异在理论性与科学性文献中有着大量的讨论，本书不再赘述，想进一步了解该话题，可参考 Kelle（2007b），他尝试着从全新的角度去综述过去关于解释与理解之间的不同观点，其理论基础是澳大利亚哲学家 John Mackie 所提出的多元因果关系（multiple causality）（Mackie，1974，引自 Kelle，2007a：159）。

阐释学代表人物从 Schleiermacher 和 Dilthey 发展到当代的 Gadamer，Klafki，Mollenhauer 等人[2]，他们所提出的阐释学方法都很独特，各不相同。不久前，美国哲学家们开始从 Richard Rorty（1979）的著作中认识到阐释学。本书旨在论述如何分析和诠释质性研究过程中所收集数据的阐释学指导原则，至于阐释学的历史、理论与哲学等因素则

---

[1] Kinyarwanda 是班图语的一种，在东非的卢旺达和刚果东部使用。

[2] Gadamer 详细地阐述了哲学阐释学，在其专著《真理与方法》（*Truth and Method*，2004）中，他探讨了人类理解的本质。

不涵盖于讨论之中。我们该如何运用阐释学来分析文本的内容？一个很好的实例是 Klafki（2001）对 Humboldt 关于如何建构立陶宛城市学校系统的文本所进行的诠释。该研究最先出版于 1971 年，在其中，Klafki 为阐释性研究方法建构了 11 种方法论洞见，如今还依然适用。其中有 5 个对质性文本分析是至关重要的[1]。

第一步：文本创建的情境

要记住想分析的文本，如开放式访谈，是在什么情境下创建的？谁在什么情况下与谁在交流？研究者在访谈之前对该研究领域有多少以及何种形式的接触？访谈者与参与者之间的互动有什么特征？相互的期望值是什么？社会期望在研究者与参与者之间的互动中起到什么作用？

第二步：阐释性循环

阐释学研究法的核心原则是，文本只能诠释为各个要素的整体，各个要素只有在理解了整个文本之后才能得以理解。研究者要对文本的意义有一些预先的观念和假设，之后完整地阅读文本，并在阅读过程中始终保持开放的态度，这样就能更好地理解文本，也很有可能改变一些先前的假设。

要理解文本，诠释者必须有一些先前理解。Klafki 指出，多次阅读整个或部分文本是一种循环过程（Klafki，2001：145）。不过，螺旋形态似乎更能体现这种过程，因为每次阅读都不会回到起点，相反，是对文本的一种渐进的理解。

阐释性循环或者说螺旋形态通常以图 2.1 方式呈现（Danner，2006：57）：

---

[1] 来自 Jochen Vogt 所作的讲座内容。Vogt 在其专著《如何研究文献》（*Invitation to the Study of Literature*，2008）中对阐释学进行了深入的探讨。

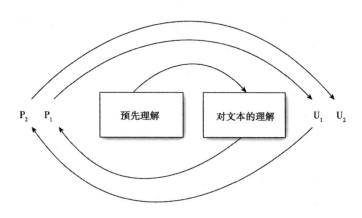

图 2.1　阐释学研究方法（Danner, 2006）

第三步：阐释性差异

阐释性差异是口语交流的核心问题，通过诠释我们只能从整体上理解或自认为理解了文本和交流内容。起初，一切都是陌生的，理解的程度各异，因而，阐释性差异也各异。就如我们置身异国不懂当地语言，甚至连字符系统都是陌生的，根本无法从字典上查阅单词，此时阐释性差异达到了极致[1]。在日常交流中，阐释性差异似乎很小甚至根本不值一提。在 Schleiermacher 看来，讨论天气或者何时我们在面包店要了"5 个面包卷"是不需要阐释的。不过，日常生活中出乎意料、令人恼火的事情也时常发生，比如出现了方言或语音上的差异。正如 Gadamer 指出的，阐释学存在于熟悉与不熟悉之间的灰色地带，"阐释学就处于这中间位置"（Gadamer, 1972：279）。

第四步：精确与适宜性

阐释学研究方法试图理解诸如文本、图画和艺术等文化产物。Mollenhauer 和 Uhlendorff（1992）强调，这些方法试图将理解精确化。诚然，任何方法都无法保证百分之百精确。在阐释学中，这取决于试

---

[1] 一般而言，我们可以区分三种阐释性差异：语言、历史和修辞。该事例例证了语言差异。历史差异本身可作为事实或语言差异，如陈旧的观念或说法，不出名的人物、事实和情境。

图理解或诠释的行为者，他 / 她总会对讨论的对象或话题有着一些先前观念（preconception）。Gadamer 强调，这些是事先形成的观念或看法。本质上讲，不能认为阐释性诠释要符合主体间一致性的标准。诠释没有对错之分，只看适宜与否。

简而概之，下面的五个阐释性规则适用于质性文本分析：

1. 反思自己关于研究问题的先前观念以及任何假设。

2. 将文本作为整体进行阅读，不理解的文本片段放置一边，等对全文有了更为深刻的认识之后，或许不理解的片段就迎刃而解了。

3. 研究者要意识到阐释性差异，要自问，"该文本中有什么语言或文化是我不熟悉的？"通过学习新语言或请专业翻译的方式来尽量降低阐释性差异。[1]

4. 首次阅读文本时，关注对研究重要的话题或主题，记住它们在文本中出现的位置。

5. 尽量区分开科学发现的逻辑与符码和编码系统运用的逻辑。识别文本中的话题和类目，根据已界定的类目来为文本编索引，这有别于发现新信息，比如识别出文本中意料之外的信息，创建新的理论思想，界定新的符码等。

人们通常认为，阐释学是一种方法，不完全符合主体间性与效度的科学要求。这种观点是非常狭隘的，阐释学实际上是经验研究，尤其在提出假设与诠释结果时表现更加明显。更何况，即便最严格的量化研究，缺少了阐释性的思考，也无法阐释研究结果的意义，也就无法付诸实现。Klafki 指出，研究问题和研究设计通常都是以阐释学为先决条件的。在教育学领域，他说道：

我认为，经验研究中的任何一个假设都是旨在决定某物的意义或重要性，可以看作阐释性的思考。不过，这不意味着所有经

[1] 在跨文化研究中确实如此，它也适用于相似情境中开展的研究。Sprenger（1989）讲述了一个社会科学研究项目，关于如何在病危护理中使用技术、医学专家如何被邀请来帮助研究小组诠释研究者观察到的各种现象，这保证了分析的科学性。

验研究者都认识到，自己形成假设的思维过程属于阐释学，并像
阐释学那样，在建构假设时保证必要的精确性。事实上，研究者
在经验研究中阐释性地建构假设，然而，因为该领域的许多专业
人士已经有了许多共同的先验观点，这一点常被人忽视。例如，
他们会发现特定的问题在特定时间段或对整个研究很有意义，
这是因为他们早已形成了关于该主题的共同的认知。（Klafki，
2001：129）

2.2　扎根理论

Anselm Strauss 和 Barney Glaser 提出的扎根理论已日渐在全球引
起关注，Strauss、Glaser、后期的 Corbin、Charmaz 和 Clarke 在个人专
著或几人合著的各种教科书中发展了这一研究法，类目与编码为其核
心（Charmaz，2006；Clarke，2005；Corbin & Strauss，2008；Glaser &
Strauss，1967；Strauss，1987；Strauss & Corbin，1998）。过去的三十
年里，扎根理论一直在发展与改进之中（Charmaz，2011）。该理论
最初是一种归纳法，一种似乎提倡理论越少就越好的方法，研究者
在分析前所做的任何理论（即预设理论）都被认为会阻碍而不是促
进研究者在分析过程中形成看法。Strauss 和 Glaser 渐渐地将传统的研
究概念更多地融入该理论之中。扎根理论出现在 1960 年代中期，当
时，美国政治上处于保守的战后时期，行为主义与量化分析这种主流
使得互动法（interation approach）处在次要位置，Strauss 和 Glaser 因
而想创建一种政治学表现形式。该设想在 Strauss 自己的回顾性观察
（retrospective observation）中得以证实，在一次访谈中他这样说：

> 在 1960 年代中期，我们决定写一本方法论的书，当时我们
> 已经感觉到变革之风。书的读者群定位为"年轻人"，30 岁以
> 上的人似乎太专注于其他的理论了。Barney 预感这书问世后读者

反应会良好，而我则不相信，因为我年纪比他大。书的标题是《论扎根理论》（*Discovery of Grounded Theory*, 1967），表明了对我们而言重要的东西，不像一般的方法论教科书，该书不是去检验重要的理论，而是运用数据来发现和探索理论。扎根理论不是理论，是方法论，用于发现隐藏在数据背后的理论。（Legewie & Schervier-Legewie, 2004：51）[1]

Strauss 不断将扎根理论界定为一种分析法，这在扎根理论的两位创建者之间激起了争议。[2] Kelle（2007c）对该争议的核心进行了基本的描述。在 Strauss 看来，扎根理论由类目、理论上有意义的属性和假设构成，换言之，由类目和类目属性之间的总体联系构成。类目和编码过程是 Strauss 和 Glaser 两人创建的扎根理论的核心。仔细地编码数据，即将数据中的具体现象归类到符码中，这是扎根理论的核心，由此产生了三大主要的编码类型：开放式（open）编码、轴向（axial）编码和选择性（selective）编码。

> 编码是收集数据与形成新理论来解释数据的纽带，通过编码研究者可以明确数据中发生了什么，并开始解读它的意义。
> （Charmaz, 2006：44）

开放式编码

开放式编码就是从研究、比较、概念化到给数据编类目的过程。这样的过程为分析"敞开大门"，研究者仔细地分析数据，形成初步的概念以及相应的概念维度。

---

[1] 从德语到英语再到汉语的转译。——译者注

[2] 下面这些原著阐释了扎根理论的基本概念：(1)《论扎根理论》（*Discovery of Grounded Theory*）（Glaser & Strauss, 1967），首次全面地介绍扎根理论，分析了当时关于该理论的所有误解。(2)《社会科学家的质性分析》（*Qualitative Analysis for Social Scientists*）（Strauss, 1987），使用话语原型（discourse protocol）阐释扎根理论，使之更好理解，更具有实用性，但是却总是在概念上含混不清。(3)《质性研究的基础：扎根理论的方法与程序》（*Basics of Qualitative Research: Techniques and Procedures for Developing Grounded Theory*）（Strauss & Corbin, 1998），是《社会科学家的质性分析》的续篇，试图系统化地界定和描述扎根理论中的各种工具和方法。

初始的符码是临时的，相对的，扎根于数据之中。（Charmaz，
2006：37）

概念符码与 In-vivo 符码可运用到数据中，Strauss 指出，In-vivo 符
码是参与者使用的术语，研究者将之当作符码。它有助于研究者直接
进入参与者的观念中，不因为研究者已形成的理论而有任何的障碍。
这些符码在诠释数据时是很醒目的。比如在 Strauss 的一项研究中，
护士长将一位护士称为"单位传统的传递者"，因为这位员工要负责
培训新员工，使他们熟悉单位的规则和一般的操作程序。

Strauss 和 Corbin 将概念界定为"概念识别码或标签，将各种具体
事件或其他现象加以分类"。"社会损失评估"就是这样的一个识别
码。分析首先产生一系列的概念，然后可以进一步归纳到类目之中。
在 Strauss 看来，类目是理论中一个独立的术语要素，是概念的分类，
分类的过程就是研究者在比较概念，而这些概念指涉相似的现象。在
此情况下，概念组合在高一级概念即抽象概念之下，称为类目，比如
"关爱员工"。

类目有各种属性、维度以及子类目，Strauss 和 Corbin 进行了如下
的界定：

> 属性：类目的特征，是对如何界定并赋予它意义的描述。
>
> 维度：类目总体属性变化的幅度，明确说明类目并使得理论具有变
> 化性。
>
> 子类目：与类目的概念有关，使得类目更为清晰和明确。（Straauss &
> Corbin，1998：101）

比如类目"关爱员工"包括子类目"职业镇定"和"社会损失
评估"。Strauss 在很大程度上将维度与子类目视为近义词。子类目
也可包括维度，比如，子类目"社会损失评估"包含维度"损失的
合理化"。

创建维度对形成类目起着重要作用，类目下有维度，可用一个连

续体来描述。"职业镇定"和"社会损失评估"的程度可高可低：

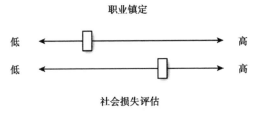

图 2.2　类目的维度

可以说，分析过程的开放式编码阶段具体指：概念化数据，识别并界定类目的维度和子类目。开放式编码可以根据 Strauss 推荐的一行一行或一段一段分析的方式进行，也可采取多种多样的其他方式。

符码可以是单个词语、完整的句子、文本中的段落甚至所有文件。以文件为例，要将其作为整体来比较，根据异同来加以归类，此时，符码就是"案例变量（case variable）"的特征，下面的类目"观察"有不同的子类目和维度，这来自 Strauss 分析实用类型时所做的研究。

表 2.1　类目"观察"的维度

类　　目	子类目	具体维度
观察	频率 范围 强度 持续时间	经常 —————————— 从不 许多 —————————— 几乎没有 高 —————————— 低 长 —————————— 短

轴向编码

Strauss 和 Corbin（1998）将轴向编码描述成特殊的高级编码手段，用于完成开放式编码。他们将其界定为"一组程序，在其中，开放式编码类目根据类目之间建立的联系以新的方式组合起来，这由包括条件、情境、策略和结果的编码范式完成"（Strauss & Corbin，1998）。可以说，轴向编码关注具体的类目以及它与其他类目之间的联系。下面这个一般操作模式是根据六个类别来分析类目，具有一定的启发性。这六个类别分别是：

1. 现象
2. 因果条件
3. 情境
4. 干预条件
5. 行为策略
6. 结果

这样，分析过程进入更为抽象的层次，即第三类编码——选择性编码。

选择性编码

选择性编码是"选择核心类目，系统化地将所有其他类目与该核心类目建立联系，并证实这些联系，补充那些需要进一步发展和修订的类目的过程"（Strauss & Corbin，1998：143）。该阶段的编码过程整合了之前所有的分析工作。分析核心类目（或类目）与其他类目之间的关联性。将数据分组，以便于在观察类目中的具体维度时发现规律与模式。这符合量化分析中的多变量统计分析，不过，其重心不是系数和统计显著性，而在于建构分析陈述。这些陈述必须包含核心类目，以逻辑顺序方式排列（Strauss & Corbin，1998）。

究竟怎样编码和生成符号？Strauss 并不教条，他将自己的扎根理论分析法当作许多分析类型中的一种。同样地，他强调要将方法与欲解决的具体研究问题联系起来，具体的过程不重要，关键是分析的目的，这里的目的就是要创建理论并评估它。这凸显了该分析法与质性分析的差异性，后者尤其关注描述，而前者并非努力将质性研究局限于探索和生成理论，也不认为理论检验完全是量化研究的事情。Strauss 指出，扎根理论框架下的编码是理论编码，意味着编码时就在创建理论。

诚然，这句话揭示了扎根理论作为一种分析法的缺陷，这就是内在的模糊性和不确定性。那么，究竟如何能同时根据同样的数据来生成和评估理论呢？生成理论不是一个明确的过程，这是由直觉、辛勤地工作、创造性、扎实的先验知识，以及巧合与机缘混合而成。这些特征增加了扎根理论分析法的模糊性与不确定性。编码在扎根理论中是一门艺术，只有技艺高超的人才能突显卓越。要学习他们的技艺，就得站在他们身后观看他们的工作。这种手艺人与学徒的关系图，与 Strauss 在其重要著作《社会科学家的质性分析》（*Qualitative Analysis for Social Scientists*，1987）中的讲座纪要里所提到的不谋而合。

根据扎根理论，分析过程不属于精确的发展过程。Strauss 反对系统化地使用方法论的原则，他显然不强调方法论的严谨性。扎根理论只是提供指导方针与帮助，在 Strauss 看来，编码就是数据分析，分析就是对数据的诠释。也就是说，编码过程贯穿在整个研究过程中，不局限于出现在研究过程中的某个时间段或某个阶段。

鉴于扎根理论分析法尤其适用于循环性研究方法，现根据研究过程的逻辑性尝试将个体要素与扎根理论的指导方针进行组合。下文列出的 12 个步骤不是单向的，而是可以反复的。不过，尽管这种过程具有循环性，扎根理论首先还是在于对一手数据（如访谈转录、实验报告（protocol）、小组讨论、田野日记）的阅读，最终才形成研究报告。编码起始于开放式编码，这是分析工作的开始，犹如揭开数据上的封条，然后进入复杂的轴向和选择性编码过程。三种不同形式的编码也描述了研究过程中先后出现的阶段，这个"阶段"，不是传统社会研究中严格的连续性的阶段，它完全包括一些可以循环出现的要素。显然，选择性编码不是研究的第一阶段，开放式编码才是。

1. 阅读整个文本。如果是研究团队，团队中只要参与文本的诠释活动的成员都必须阅读文本。

2. 与即将研究的主题相关的先验知识非常重要，是必不可少的。有了一般知识和先验知识，即便没有开始阅读和评估访谈，也可以提出许多的研究问题。理论上，扎根理论分析法可以没有先验知识，但是这样的结果可能不那么可信，专家可能会认为这种研究结果没有意义。

3. 实际分析与诠释就是对整个文本的背景进行详尽的分析。

4. 分析从开放式编码开始，这需要探寻如何回答文本中的焦点问题（Flick，2006：300）。

　　什么？该文本讲什么？研究的是什么现象？

　　谁？有谁参与？谁是重要的角色？各个参与者彼此是如何互动的？

　　如何？研究的是或不是现象的哪些方面？

　　何时？多久？何地？多少？强度如何？

　　为什么？文本给出了什么原因？从文本中推论出什么原因？

　　为了什么？研究的目的和意图是什么？

　　什么方式？实施了什么方式来实现目的？

5. 分析模式中的方法不是固定的。开始可以一行一行地分析文本，或系统地分析访谈中的核心要素。例如，先阅读文本的前 4 页，就类目"情绪管理"看文本谈论了什么？无论采用哪种方式，都在文本阅读的开始就进行诠释，进行一行一行地分析，不做预测。可以利用研究相关的一般性科学知识和在其他访谈文本中获取的信息来诠释文本中的叙述。利用先验知识来进行详尽的诠释，其最佳途径是研究团队的合作，俗称三个臭皮匠顶个诸葛亮，研究团队具有相互纠正的功能，有助于将误解和错误的诠释最小化。

6. 关注"自然符码"或参与者明显的措辞，例如，一位病人详细复述其常规癌症检查的过程。令她沮丧的是，检查结果很不好。在访谈中，她讲道，"我当时激动得无法控制自己"。

7. 诠释促进符码的发现，如"诊断性职业""医疗机构"等。

此阶段的符码抽象等级各异，Strauss 因此创建了"医疗漏斗（medical funnel）"这一符码，描述的是：人们生病时通常需要决定是否吃药、动手术，随着病情的加剧，人们做决定的空间越来越窄，最终完全由医生来做决定。

不同于量化研究，在扎根理论分析法中，文本中的一个段落可以有无数的符码。

8. 任何涉及文本中其他段落的或者提示整个文本中心主题的观点都可以记录在备忘录中，便于以后要分析时能在访谈文本中找到相应的页码位置。做好备忘录后，继续一行一行或一段一段地进行文本分析。

9. 诠释文本时，要不断地进行比较，要自问，"这前半页讲了什么？这里提到了什么现象？这些现象起什么作用？是否有其他的诠释？

10. 随着分析的进行，符码开始更具权威性，没有了在开放式编码阶段典型的暂时性特征，换言之，符码被重命名、删除、总结并整合出更高级别的概念。

11. 分析过程中的中期和高级阶段就是轴向编码，个体符码成为分析的中心。

12. 理论随着分析的进展而逐渐地被架构着，这种分析促使核心类目在整个分析过程中得以提取出来，再根据它们生成理论。轴向类目有可能是决定性的核心类目，如果是，那么将成为研究报告的基础，备忘录也是报告的基础。

根据上述第 4 点中所列出的问题，这些问题在分析材料时应该有条理地加以解决，Strauss 设计了下面的编码范式（Flick，2006：301）。

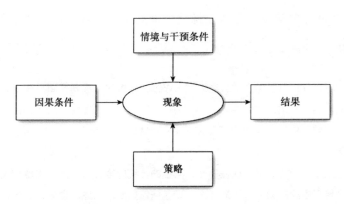

图 2.3　编码范式

总之，扎根理论提供了颇具价值的过程和方法来处理符码和类目，分类是该理论的核心，在实践中，扎根理论表明类目可以不那么抽象，概括化程度上可以参差不一，促进理论生成的潜力也各异。在分析过程中类目的分析是持续的，研究者需不断地区分类目，找出相应的维度，此外，扎根理论的分析类型清晰地表明，确实存在超越了简单的"标识（indicator）→类目→统计分析"模式的研究。

2.3 内容分析与质性内容分析

在 1910 年召开的首届德国社会学联合大会（German Sociological Association Conference）上，Max Weber 提议"探究新闻报刊的内容"，这在许多方面标志着内容分析作为一种社会科学研究方法的诞生。

明确地说，我们将开始使用圆规和剪刀来研究新闻报刊的内容在上一代中如何发生量的改变，不仅要分析广告，也开始关注小品栏、头版新闻甚至社论，即任何以新闻形式出现却不再是（……）这种研究才刚刚开始，之后将进行质性分析。（Weber，1911：52）

Weber 的建议中包含了随后发展起来的内容分析的四个典型特征：

1. 内容分析引用媒介的某些形式，Weber 分析的是报刊新闻，在随后的内容分析发展过程中，尤其是在 1930 年代这个黄金时代，研究对象拓展到广播、电视和其他大众媒介形式（Krippendorff，2004：3；Schreier，2012：9-13）。

2. 主题分析曾经是，现在仍然是典型的传统内容分析，尤其体现在大众传媒主题的频率分析形式上，现在依然如此。论述内容分析的教科书（如 Frueh，2004）和论文集通常使用这种分析作为实例。

3. 在传统内容分析中，量化讨论是重点。Weber 甚至还想过将新闻报刊上的文章剪辑下来度量其面积，如今我们使用计算机计算单位比特来看文件的大小，将其当作判断既定话题相关性的标识。

4. 量化分析可以看作分析的第一步。在获取了量化概览之后，接下

　　来就是重要的质性分析，量化分析并不优胜于质性分析，也不能取
　　代质性分析。

　　传统内容分析之所以对质性文本分析方法的发展重要，其原因在
于，它立足于近百年来系统化地分析文本特别是大量文本的经验。它
早已遇到（并通常解决了）分析书面文本或口语数据时出现的各种问
题，这些东西事实上就是质性数据。

传统内容分析的历史

　　Krippendorff 和 Merten 等学者指出，内容分析的历史源远流长。
Merten 在圣经中的注释、弗洛伊德对梦的诠释里看到了内容分析的
前身，于是将之归为"直觉阶段"，该阶段一直延续到大约 1900 年
（Merten，1995：35-36）。科学的内容分析实际起始于 20 世纪初期，
其标志是 Max Weber 在首届德国社会学联合大会上的发言，他提议"探
究新闻报刊的内容"。在这个"描述性阶段"，人们在传播领域做
了无数的分析研究。广播的出现，尤其 1940 年代战争报道的影响分
析成就了内容分析的黄金阶段。著名的研究项目，如 1941 年的《全
球关注大调查》（*World Attention Survey*），Lasswell 对战争报道和宣
传的研究（该项目《战争时代传播研究的试验性分类》[*Experimental
Division for the Study of Wartime Communication*] 由美国政府和胡佛研
究所 [Hoover Institute] 资助），明显地表明，传播学中的内容分析在
当时的政治上也起着举足轻重的作用。由 Lazarsfeld 主持，Adorno 合
作的洛克菲勒基金会（Rockefeller Foundation）著名的"广播研究
（Radio Project）"对大众广播的影响进行了研究。
　　术语"内容分析"最初出现在 1940 年代，内容分析中许多其他
的核心术语如"抽样单位（sampling unit）""类目""编码者间信
度（intercoder reliability）"等出现在那个时代，由 Lasswell，Berelson
和 Lazarsfeld 这些内容分析的领军人物所创建。从方法论角度看，内

容分析取得了巨大的进展。1941 年 Berelson 撰写了第一本使用内容分析方法的博士论文，并与 Lazarsfeld 合著了教科书《传播内容的分析》（*The Analysis of Communication Content*，1948）。此外，无数的出版物和会议给研究者们提供了交流观点和方法论的平台（Frueh，2004：11-15）。

自 1940 年代末起，内容分析更具有量化和统计的特征，当时的大背景是，第二次世界大战后，20 世纪 50 年代和 60 年代早期社会科学总体转向行为主义理论，经验研究重视检验各种假设和理论。质性研究当时被认为是不科学的，越来越多的质性要素从内容分析中消失，仅局限于显见的传播内容的量化分析之中。于是，Berelson 这样界定内容分析：

> 内容分析是一种研究方法，对显见的传播内容进行客观、系统和量化的描述。（Berelson，1952：18）

自 1952 年起就有人批评这种内容分析法较为狭隘，比如 Kracauer 曾批评 Berelson 的内容分析太肤浅，没有揭示出更为细微的意义。

质性内容分析

Kracauer 是第一个明确呼吁"质性内容分析"的学者（Kracauer，1952）。这样的质性分析形式应该能揭示出潜在意义，这不是客观意义，也不是可能或不可能的诠释，而是主体间性交流的潜在意义。这就对如何诠释文本提出了普遍的问题，解决方式是借鉴古典阐释学理论（Klafki，2001：126-127）。Kracauer 提倡的这种新式内容分析从一开始就不同于主流的内容分析。它不再局限于主流的行为主义范式中显见的内容，而是致力于在文本中发现意义，分析文本传播的内容（Kraxauer，1952）。当今的质性内容分析，如出现在德国社会学和心理学研究中的，就是从 Kracauer 等人的研究发展而来的，不再局限于显见的文本内容或量化分析。此外，它依赖阐释学的传统理论，后者为理解和诠释文本提供了一些基本的原则。

　　这里需要指出的是，人们通常将内容分析误解为一种数据收集法。即便术语"内容分析"自身清晰地表明这是一种分析法，探讨研究方法的教科书上事实上经常也是这样描述的。不同于调查、观察或实验法，内容分析常被认为是"非干预（non-reactive）方法"，研究者对参与者不起任何影响。这些特征有点令人感到困惑，但不管如何，它们是逐渐形成的，正如上文所述，内容分析起源于传播学和媒体的分析，重点是分析现有的新闻报刊杂志上的文章或者广播内容。这些内容分析确实不会对所分析的传播内容有任何的影响。不过，内容分析不局限于对来自大众传媒的现有数据进行分析，还可分析研究者自己收集的数据，比如访谈、观察报告等。此时的内容分析人们不再认为是"非干预的"。总体而言，社会科学中的内容分析必须被视为是一种分析法，而不是数据收集法。

从 Kracauer 到新概念构思

　　Kracauer 将质性内容分析构思为一种传统内容分析的必要拓展，而不是内容分析的另一种形式。当时主要的内容分析研究者们强调，不同类型的文本处在一个连续体中，诸如事实或指称事实（alleged fact）等不需要外在诠释的文本在该连续统的一端，另一端则是那些需要诠释的文本。例如，关于一起火车事故的新闻报道属于事实，在连续统的一端，而当代诗歌则在另一端。Kracauer 指出，在社会科学分析中，诸如火车事故这样不需要外在诠释的事件是很罕见的，此刻合适且实用的是计数和统计分析。即便不是诠释当代诗歌，文本分析也离不开对文本的主观理解和诠释，其关键在于，量化方法在理解交流方面不如诠释法那么精确。利用"非常喜欢""无所谓"到"非常不喜欢"这三个等级来定级一段复杂的对话就是很好的例证（Kracuaer，1952：631）。

　　在主流内容分析越来越趋向量化时，Kracauer 称赞质性内容研究，称其为主流内容分析的必要拓展与补充。他说必须要形成一种新的分析法，即质性内容分析。在随后的几十年里，越来越多使用质性数据分析的研究者们开始将他们的分析法付诸实践。于是，不同的质性内容分析井然有序地形成了，不过，当时也没有明确地称为质性内容分析。约 30 年之后，1983 年，德国心理学者 Philipp Mayring（2000，2010）出版了专著《论质性内容分析》（*Qualitative Content Analysis*），这是关于质性内容分析的第一本方法论教科书。

1980 年代，术语"质性内容分析"再次出现，当时 Mayring 试图根据不同学科和不同文本分析法创建当代的质性内容分析形式（Mayring, 2010）。他界定了 5 种学科或方法来源：传播学（内容分析）、阐释学、质性社会研究（诠释范式）、文学和文化研究（文本系统化分析），以及文本处理的心理学方法（Mayring, 2010：26-47）。

Mayring 的研究基础是心理学，这个学科中内容分析很罕见，即便出现往往也只是严格的量化形式。他的分析方法来自 5 个学科，在许多方面与传统内容分析很相似，有质性和阐释学要素，很显然，这属于 Kracauer 的分析法（Mayring, 2000, 2010; Schreier, 2012）。

综上所述，质性文本分析是一种分析形式，其中的文本理解和诠释所起的作用要远大于在传统内容分析中的作用，后者更局限于所谓的"显见的内容"。诸如 Frueh 和 Krippendorff 等许多学者指出，传统内容分析与质性内容分析彼此并不完全相反，两者之间的差异没那么大（Frueh, 2004：68; Krippendorff, 2004）。不过，这些学者呈现的许多实例显示的却是另一回事，比如 Frueh 的主题频率分析，这类量化内容分析事实上与质性内容分析相差甚远，它的重点是计数和随之而来的统计分析。1960 年代中期美国发展起来的量化内容分析与质性分析相差更大，它侧重计算机辅助统计分析，在这个新流行的量化内容分析中，文本是依靠程序库自动编码的，词语的模糊性和重要性在很大程度上被忽视。相反，质性内容分析呈现的是一种诠释分析法，编码通过诠释、分类和分析来完成。文本分析与编码并不完全由计算机来进行，它们与人类的理解与诠释相关联。

2.4 其他实用的质性文本分析

无数的教科书和实践研究中都存在对质性文本分析程序的描述。这些描述中多数涉及访谈分析（Lamnek，2005；Rasmussen，Ostergaard，& Beckmann，2006；Ritchie，Spencer，& O'Connor，2003）。Lamnek（2005：402-407）描述了分析过程的四个阶段：

1. 转录
2. 案例分析
3. 总体分析
4. 检验阶段

Lamnek 认为，案例分析的目的是通过标示出重要段落，删除次要信息来编辑和浓缩数据。这样就出现了高度删减的访谈文本，展示着文本自身的独特性，这将"被整合用于描述相应访谈的特征"（Lamnek，2005：404）：

单独的案例分析生成各自访谈的一种特征，这种特征符应于访谈的特定段落，或受访者回答的总结，总结里包含了研究者作出的评估和评论，体现出访谈自身独特的特点。（Lamnek，2005：404）

总体分析阶段指在访谈分析之后形成更为通用的、理论化的结论。Lamnek 描述了总体分析中的几个步骤（Lamnek，2005：404）：

1. 寻找全部或部分访谈的相似性，这是概括访谈的类型建构的一个步骤。
2. 识别访谈内容的差异性。

3. 对比异同点，判断所有或部分受访者的总体倾向或典型表现。

4. 根据案例呈现和诠释各种类型的受访者、谈话、信息等。

Lamnek 解释道：研究者往往要根据具体的研究问题来设计分析，研究问题决定了选择什么数据收集和分析的方法。因此，用混合方法进行分析不是目的，相反，要将研究问题牢记于心。

Hopf 和 Schmidt 在关于专制主义和右翼极端分子的社会心理学科研项目中建构了另一种分析法（Hopf, Rieker, Sanden-Marcus, & Schmidt, 1995）。他们认为，访谈文本转录之后的分析过程包括以下几个步骤：

步骤 1：根据实证数据形成类目

该步骤需要仔细阅读数据，必要时，需多次阅读。自己的先验知识和研究问题要在研究过程中起到引导作用：研究什么话题、研究哪些方面？在文本边上写下自己的评论，记录下重要的术语或概念。第一步骤的目的是理解参与者的谈话。

步骤 2：为分析制订准则

界定在第一步骤中形成的类目，加以总结形成分析准则，必要时，修改、拓展类目。

步骤 3：编码数据

根据分析准则以及符码本（code-book）分析数据，编码数据，给数据添加评估类目，该步骤需要缩减案例中呈现的大量信息。

步骤 4：创建表格和概述

以表格的形式呈现编码的结果，比如，评估类目出现的频率，创建交叉表来呈现两个或两个以上类目之间的关联性。

步骤 5：深度诠释案例

一些情况下，一些研究问题最好侧重单个文本来分析。可以通过详细的描述和诠释来总结案例的特征，也可形成并检验自己的假设（Schmidt，2010：482-484）。

许多质性文本分析法在关于研究方法论的研究报告、教科书中有着详细的描述（如，Bernard & Ryan，2010；Boyatzis，1998；Flick，2006；Gibbs，2009；Guest，MaxQueen，& Namey，2012）。Huberman 和 Miles 编著的综合教科书《质性资料的分析：方法与实践》（*Qualitative Data Analysis*：*An Expanded Sourcebook*，1994）对各种分析方法和手段进行了很好的描述。

总 结

本章陈述了各种文本分析的过程和方法，这些是质性文本系统化分析形成的基础，目的是形成一种兼具这些方法优点的分析法，一种以一定规则为指导的、主体间的分析法，同时具有诠释性和创造性。

质性文本分析的核心要素是什么？如何将之与其他的质性数据分析区别开？下面就是质性文本分析的六个重要特征：

1. 该分析的核心是类目、符码本和编码过程。
2. 是系统化分析，有着一系列清晰的规则用于指导分析的每一步。
3. 要对整个数据的所有文本进行分类和编目，不局限于被选定的部分数据。
4. 根据数据采用方法来创建类目。
5. 需要进行阐释学的诠释和反思，要意识到物质本源的互动形式。
6. 确认质量标准，达成编码者间一致性。

第 3 章

质性文本分析的基本概念与分析过程

本章概要

· 质性文本分析的基本术语与概念
· 分析过程的第一步是仔细阅读文本
· 如何阐释性地分析文本？
· 质性文本分析的总顺序
· 如何将备忘录作为一个可用资源记录下自己的想法，记录下文本中任何重要或不寻常的地方
· 为什么类目和类目系统是文本系统化分析的核心？
· 如何归纳式、推论式地创建类目？如何混合使用这两种方式？
· 如何写案例总结

3.1 质性文本分析的基本概念

本章将更详细地讨论质性文本分析的基本概念。Berelson 是传统内容分析的一位奠基人，他曾指出：

> 内容分析成功与否取决于类目（……），因为类目包含了研究的本质，内容分析成功与否完全取决于类目系统的质量。
> （Berelson，1952：147）

类目和符码处于核心地位，这既是传统内容分析也是扎根理论、主题分析、话语分析和其他方法的特征，也是本书探讨的质性文本分析的核心概念，因而，下面首先探讨最重要的概念"类目"。

类 目

术语"类目"源自希腊语，本意为分类、指责甚至指控，出现在许多学科领域，如哲学、社会科学、生物学、语言学和数学。在社会科学领域，"类目"等同于"分类"，即类目是进行分类的结果。接受分类的是人、观点、机构、过程、话语、物体、论断等。我们相对更为熟悉知识体系中的"类目"，出现在百科全书、索引甚至分类图中。在维基百科（Wikipedia）中，类目被界定为"被命名或编号的一种类别，根据相似性或界定的标准进行分类。"[1] 当然，类目也有其近义词，如，类（class）、族（family）、属（genus）、群（group）、型（type）等，其他常用的替代词还包括：系（department）、范围（area）、类别（rubric）、分派（assignment）、分类（classification）和种类（kind）。

建构类目是任何思维活动的基础，是基本的认知过程，可归入发展心理学和认识论。人类需要类目建构来观察周围的世界，并对其加以组织，形成概念，进行比较，判断某个观察或事件属于哪种类目。无论实践科学还是日常生活与决策都需要这样的基本认知过程，因为没有现成的规定说明他们应该归属于哪种类目、什么分类。在将实物与观念划分类目时，我们自身的观念和想法影响着分类的决策。

Frueh 强调内容分析中类目的分类特征：

> 所有的内容分析其实用目的，都在于遵循一定的研究视角，最终将复杂化为简单。文本中的段落是根据理论上有价值的特征进行描述和分类的。在降低复杂性的过程中，一些信息会丢失。原文本一些对话特征因为与研究问题无关而被忽略，在对话特征分类时更多信息会丢失。根据具体的标准，一些特征会被分析为相似，归入一种类别或类型，这就是内容分析中的"类目"。（Frueh，2004：42）

---

[1] 2011 年 5 月 2 日，来自维基百科。

表 3.1　社会科学文献中的各种类目类型

类　目	出处 / 来源
1201 社会因素 > 社会保险	一项传统量化内容分析中的类目（1201 是代码）
与学生和睦相处绝对是可能的	在一项总结性的质性内容分析中形成的类目
车身装备关系	Anselm Strauss 在一项扎根理论研究中形成的类目
人们个体受气候影响的等级：（1）受严重影响；（2）受轻度影响；（3）不受影响；（4）不知道	一项对环境意识的研究中形成的评估类目
面包师	一项职业分类的类目
白领犯罪	一项评估经济领域的类目（量化内容分析）
01310 科索沃地区冲突	一项政治学量化内容分析中的主题类目
新闻报道的长度	一项媒体分析中的形式类目
信息保密	一项扎根理论研究中的类目
情绪管理	一项扎根理论研究中的类目
潜在障碍	一项针对年轻人的研究中使用的类目

　　经验研究中类目究竟是什么？该问题在论述研究方法论的文献中，甚至是探讨质性数据分析法的教科书中都难以找到答案。只是大体假设，人们根据常识早都已经知道什么是类目。尤其是论述质性数据分析的教科书，根本没有提供明确的界定，相反，倒是常论述类目的属性，如类目应该是"丰富的""有意义的""可辨识的""分离性的（disjunctive）"等。

　　Frueh 对日常类目与科学研究分析中的类目进行了区分。他意识到必须明确地界定类目，于是给出了类目的操作 / 功能定义：

专有名词没必要区别和分类，不需要花精力去分类界定，当许多专有名词汇编于一起构成一个类目时，只要划出其中包含的专有名词总量就可以算是界定了。但是，诸如"建筑物"这样的词语则行不通。该词语的意义十分明确了吗？需要阐释清楚吗？要回答此问题，就得考虑与结构相关联的词汇：房屋、圆柱、体育场、帐篷、花园围墙、大桥、人行路、操场……这些词语毫无疑问都是建筑物（因为它们都是建造的），这说明，即便这么简单而看起来很清晰的类目"建筑物"也必须要界定，尤其当研究者希望删除一些相关词语来符合自己的研究重点时，更需要去界定。（Frueh，2004：40）[1]

表 3.1 中来自社会科学文献中的实例说明，在社会科学中类目的范围是千差万别的。

显然，这种范围很广。我们可以区分（至少）五种不同的类目类别：

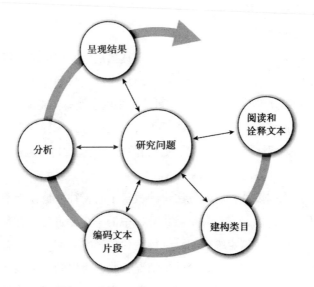

图 3.1　质性文本分析的一般过程

---

[1] 这是从德语到英语再到汉语的转译。——译者注

1）实物类目

这些类目涉及客观或看似客观的事物，如政客、面包师等不同的职业，斯普林菲尔德市、重建地区等具体地方。

2）主题类目

这些类目涉及具体内容，如话题、具体的论断、人物等。在多数的质性文本分析中，类目涉及的是话题，如政治参与、消费者行为、环境知识等。访谈中各个段落只要涉及相关类目就做相应的标记。

3）评估类目

这些类目的特征和等级数量是明确的，用以评估文本信息。比如，类目"助手综合症状"分为"很强""有一些"和"根本没有"三个等级。编码者查检恰当的文本段落，给予定级并总结出适宜的特征。

4）形式类目

这些类目涉及分析单位的具体日期和相关信息，比如，在开放式访谈中，访谈持续的时间、访谈的日期、访谈者的姓名、访谈转录在计算机中显示的长度等。

5）分析或理论类目

这些类目是研究分析的结果，不具描述性，属于进一步深入分析的结果。分析类目往往难以明确地从主题类目和评估类目中区分开。在开始分析时，访谈文本中可能出现的主题有"能源使用""有机食品的消费"，以接近受访者语言的表达方式来界定类目，这属于典型的描叙性类目。在随后的分析阶段，这些类目可能整合为"环境行为"，这明显是分析性类目。

人们在阅读社会研究方法论的教科书时，往往惊诧于术语"类目"用法之广泛，它有时是量化分析中的一个变量，却有着不同的特征（比如，"请定级人们受气候变化的影响程度"），有时却又是一种陈述（比如，"无论什么情况，我们可以和学生建立良好的关系"）。术语"类目"与"概念""变量""符码"等术语的区别通常也不明确。

概　念

术语"概念"通常与"类目"替换使用，Schnell 等人（Schnell et al，2008）将"概念"界定为建构类术语，如权力、身份和融合等。概念产生各种架构（construct），但是却没有明确我们可以如何度量。Schnell 等人以概念"族群身份认同"为例指出，通过维度分析类目可以明确一个概念所涉指的某主题的各个要素（Schnell et al，2008：127-133）。在这个实例中，必须尽可能明确地分别界定概念"族群身份认同""族群"和"身份认同"。

变　量

术语"变量"也常与"类目"互换使用。变量是属性，随着研究对象的变化而变化，相反，"常量"是所有研究对象共有的属性，比如，女校中的学生自然都是女性。变量至少具备两个特点，这就是人们常说的变量值。在实证性社会研究中，"变量"往往就是已被度量的或可被度量的。"变量"显然与量化研究有关联，"概念"因其浓厚的理论本质而适用于质性和量化两种研究。

符　码

根据 Bernard 和 Ryan（2010：87），术语"符码"有三层意义：

1. 符码是加密的工具，姓名和地点通过编码来隐藏信息。
2. 符码是为文本加标签、索引的工具。
3. 符码是价值符码，表明某一特征的数量。

在质性数据分析中，符码在扎根理论中的使用尤其突出，术语"符码"和"编码"以几种不同形式出现，如开放式符码、轴向符码、选择性符码，以及结合了其他要素的实质性（substantive）符码、核心（key）符码和理论性（theoretical）符码（Strauss & Corbin，1996：43）。术语"符码"最初用在量化研究中，在扎根理论中，编码指分析、命名、分类和从理论上组织数据，这符合 Bernard 和 Ryan 提出的第二点。由于不同分析阶段有着不同的任务，符码有时指代类目，有时指代初始的临时性概念，它们会随着分析的进展而进一步发展成为类目。

试想，所有术语这么相似，尤其术语"符码"似乎与术语"概念"意思相同，为什么还需要为怎么使用它们而制定这么模糊的区别呢？这些术语在一些方法论教科书和研究实践中确实是替换使用的，例如，在扎根理论的教科书中，通常是不区分类目和符码的。本书使用上述的实用性界定，将类目看作不同单位（unit）的分类结果。

这里有必要指出，类目就是相对更为复杂的概念。"建筑物""力量""核心能源""可再生能源""政客""战争级的冲突""环境知识""学习风格""责任感""学习策略"等都是类目。在内容分析中只有当这些概念得以更明确地界定才可以成为类目。要界定类目，必须描述其内容，确定标识以帮助编码者确信而连续地给文本划分类目。即便标识以及来自访谈文本的实例不完善，它们也能作为原则来指导如何划分类目。类目的定义介于唯名（nominal）定义[1]与操作/功能定义之间。在一些传统内容分析中，如基于程序库的（dictionary-based）内容分析，类目从操作层面被界定为一组词语，无论其中哪个词出现都会产生类目的编码活动。例如，词语"退休金"或"失业补贴"的出现都意味着类目"社会系统"。

段

如上所述，类目是分类的结果，质性文本分析中的类目往往与文本、局部文本相关联，如，词语、句子、段落甚至几页、几个章节等，人们往往称这些为"段（segment）""块（chunk）"或"引

---

[1] 关于不同定义的概述请参见 Schnell et al，2008：50-53。

语（quotation）"。文本的编码过程总体上有两个走向：从文本到符码，或从符码到文本。前者指在分析文本时创建新符码，这是创造性活动，诚然，没有两位学者或编码者会界定出相同的符码。而另一走向意味着，符码或类目早就存在，人们将部分文本视为该符码的实例，加以编码。无论哪种，符码与文本之间的联系是相同的。

类目中最小的单位是一个字，它很难去编码各种特征或象征。分析文本有两种方式：一是，利用先验（a-priori）类目分析文本，对出现某主题的文本段进行编码；二是，阅读文本，识别出重复出现的主题，界定出恰当的符码，将文本段与它们联系起来。这第二种方法尤其适用于形成新的概念和类目。无论哪种方法，文本段与类目之间有着清晰的联系。

单　位

传统内容分析中的另一基本术语是"单位"，出现在不同的组合中，如抽样单位（sample unit）、记录单位（recording unit）、分析单位（analysis unit）、内容单位（content unit）和情境单位（context unit）等。在内容分析和质性文本分析那些关于研究方法和手段的各种文献中，这些术语的意义是不一致的。下文是 Krippendorff（2004）和 Roessler（2005）对各种术语和概念给出的清楚阐释。

抽样单位。这是分析的基本单位，从数据（即所有需要研究的实物）中选出，用于内容分析，采用的是具体的选择法，如随机选择、定额选择、任意选择等（Diekmann，2007：373-398；Flick，2006：122-141）。抽样单位可以是某一期新闻报刊、一次开放式访谈、一次叙事性访谈、一本儿童书籍、一次议员演说等。抽样单位在许多方面就是实物单位，要想研究适合学龄前儿童的童书中对祖父母的描述，每本书都是一个抽样单位。

记录单位：抽样单位涉及既定研究中哪些单位应该、哪些不应该作为研究对象，记录单位则是将数据纳入传统内容分析的方式。

Krippendorff 作了如下的界定：

> [记录单位] 是专门用于单独地描述、转录、记录或编码的
> 单位。（Krippendorff, 2004：99）

理论上，抽样单位可以包含无数的记录单位。比如要分析媒体，要分析一份日报中一则政治冲突报道的方式，就有必要选择相关报道文章作为记录单位。抽样单位（即某天某期的报纸）可能会包括了许多的记录单位（即文章），记录单位往往是抽样单位的一部分，不会逾越它，有时人们将两者视为一体，比如质性访谈的转录文本，它不包含其他的次单位。

内容单位。在传统量化内容分析中，内容单位指决定词语或概念如何编码即如何归属于某类目的一个属性。"比尔·克林顿""布莱克·奥巴马""乔治·布什""老布什"等词语或名字就可归属于类目"美国总统"。Krippendorff 认为，内容单位由形式或内容来决定。形式因素通常有：数据的长度、范围、收集的日期等。内容单位可以是指涉性的（指代某人或地点），命题式的（指代某个说明或判断）或主题性的（指代某个话题或言语）。传统内容分析中，内容单位应该只能归属于一个类目，比如"比尔·克林顿"只能作为类目"美国总统"的一个标识，不属于类目"律师"。

质性文本分析中，文本段（text segment）或编码段（coded segment）通常会取代内容单位，这种分析法的双向本质使得质性文本分析截然不同于传统内容分析，在后者，编码完全属于更高层次的分析阶段（数值数据是数据矩阵的一部分），经过了此阶段的分析之后，研究者完全不需要再去阅读原始数据。相反，在质性文本分析中，类目在整个分析过程中一直与数据关联着，再回顾原始数据通常是非常有必要的。

情境单位。情境单位与分析者即编码者的研究有关，是为了正确记录和分类文本段落而必须纳入分析的最大单位。正常情况下，这样的单位不会大于既定的记录单位，然而当然存在特例，比如质性同组

研究（panel study）中，许多受访者参与了许多的访谈，这就可能需要回顾同一位受访者所参与的其他访谈。

阐释学则与此不同，情境如何纳入分析之中是没有限制的，比如如何诠释政客的一段话，学者掌握的政治知识越多，考虑的情境范围就越广。阐释学中的情境是阐释者的知识问题，不是形式上有一定限制的问题。

质性文本分析不研究先定（pre-fixed）文本，而在传统内容分析中，文本首先分为许多单位，然后通常用一个符码来进行编码。质性文本分析则不管研究者是从文本到符码，还是从符码到文本，因为文本段是出现在编码的过程之中的。就像用荧光笔给书中段落做标记那样，先标出语义单位，在空白处写上术语或评论，而不只对整个段落或先定文本单位做标记。

编码者与编码者间一致性（intercoder agreement）

编码者就是给数据标记类目的人，具体而言，是给质性数据中不同文本段落标记类目，每个标记任务都是一次编码。在需要分析和编码大量的文本时，研究团队通常让专人来负责编码数据。在质性数据分析中，编码者必须有足够的能力诠释数据，他们要非常熟悉研究问题、理论架构以及各种类目的意义。为此，编码者在实际编码之前是要接受培训的，这种培训持续进行，直至编码者们对编码达成一定的共识（即编码者间一致性）。在传统内容分析中，通常计算出恰当的系数值，用以判断所谓的编码者间信度（intercoder reliability）或评分者间信度（interrater reliablity），如 Krippendorff's Alpha，Cohen's Kappa，Scott's Pi 等方法（Krippendorff，2004：244-256）。质性文本分析则相反，它常使用程序法（procedural approach），通过研究团队讨论和解决一切有问题或冲突的编码来最小化编码差异。这就是"协议编码（consensual coding）"（Hopf & Schmidt，1993：61-63）。一般而言，质性文本分析和传统内容分析之间的核心差异在于编码者的角色不一样。量化内容分析通常需要相关人员接受相关的培训，而质性文本分析中往往是研究团队的成员或研究者自己来进行编码。

质性文本分析中出现多个编码者，就必须检查编码者间一致性的程度。不必计算评分者间信度系数，却必须使用恰当的程序，比如"协议编码"，保证编码者在理解如何运用类目系统上达成一致。

3.2 质性文本分析过程与传统内容分析过程

传统内容分析遵循的是相对严格的阶段模式，尽管不同教科书陈述的形式不尽相同，但内在却极其相似。经典的过程包括以下五个阶段：

1. 计划阶段。研究者根据现有与话题相关的理论形成研究问题乃至假设，界定选择法和其他将采用的方法，同时编制分析单位的样本。

2. 形成阶段。该阶段侧重建立类目系统并界定类目。研究者要确立编码规则，以便这些类目可以恰当地标记到文本段落和编码单位中。

3. 检验阶段 / 样本编码。研究团队的编码者接受培训，计算出编码者间信度，确保他们达成一致性。类目系统必须在数据样本中加以检验、修改或提高。编码者必须持续接受培训直至编码者间信度达到标准。

4. 编码阶段。数据任意地分配给编码者，编码者从整体上对其进行编码。

5. 分析阶段。对前一阶段生成的数据矩阵进行统计分析。

从研究问题到数据收集，再到数据分析的这个研究顺序是任何一种经验研究模式的基本特征，传统内容分析和各种质性数据分析都是如此。诚然，质性文本分析往往还有重复（iteration）和反馈的步骤。

图 3.1 明确地表达了这一过程，凸显了其循环的本质。与传统分析模式不同，该分析过程为非线性过程，各个阶段或方法彼此之间没有严格的界限。甚至有可能在创建了类目系统，且大多数数据已经编码之后，研究者还获取到了新的数据。图 3.1 包含五个方法区（area），表明研究问题在质性文本分析中的不同角色。研究问题在研究过程的初始阶段就被提出，但却不像传统假设推论（hypothetical-deductive）模式中那样一成不变，等待分析结果来给出答案。它在这每个方法区内都是核心，可以随着分析的进展在一定限制条件下发生戏剧化的改变。比如，想使研究问题更为精确，要突显新要素，或因预料外的发现而要修改研究问题，等等。

　　表面上，质性文本分析过程和量化内容分析过程似乎很相似，其实两者差异巨大。质性文本分析从一开始就没有具体理论的指导，分析产生于对文本的研究之中，是分析过程中每个阶段的一部分。在实际研究中这两种分析方式差异更大。综上所述，尽管质性文本分析在形式上和传统内容分析有相似之处，在其他许多方面却差异巨大。

　　· 不必在计划阶段就开始形成假设，事实上，这不是质性文本分析的事情。

　　· 质性文本分析的各个阶段不同于传统假设推论模式中各种分析法的各个阶段，它们彼此并没有严格地分开。事实上，在分析数据的同时仍然可以获取其他数据。反馈循环与重复也是很常见的。因此，下文中将使用"阶段"来替代"步骤"，以表明分析过程不只是 6 个步骤。质性文本分析过程延续的是所有研究具有的一般顺序：从形成研究问题到分析到最终的研究结果报告。

　　· 数据是在情境中编码的，既非是机械的，也非只关注小单位，相反，具有阐释性和诠释性。

　　· 原始数据，即语言数据，即便在编码之后仍然很重要，编码完成不表明它的结束，对于之后的分析而言也不是多余的。

·在质性文本分析的不同类型中，类目不是简单地将实证数据转化成
一个数字或关联性，它更具有架构和系统化的作用。

·经过编码的数据分析不一定是统计分析，统计分析可以是质性文本
分析的一部分，或许其作用不大，研究者也可选择全然地忽略它。

研究者逐步分析数据形成类目、修改类目的阶段是分析过程中的
重点。即便质性研究以一定理论为基础，研究假设已经形成（这未尝
不可能），在分析过程中也可以对类目进行微调，新的类目只要对分
析数据是重要的即可添加，甚至还可在分析了主题类目后建构新的评
估类目或分析类型，这都需要再编码数据。

同传统内容分析一样，类目与随后的基于类目的分析都是质性文
本分析的核心，这就有必要进一步研究这些类目实际上是如何形成的。

3.3 开始质性文本分析：着手研究文本、备忘录和案例总结

开始质性文本分析之前，需要回顾自己经验研究的目的，需明白
自己究竟想发现什么，感兴趣的问题是什么，关注点是什么，什么概
念和理论架构对研究很重要，想研究什么关联性，就这些关联性自己
有哪些初步的设想。

这样明确自己的研究目标并不违背开放性原则。人们经常认为质
性研究的一个特征就是开放性。开放性原则首先涉及数据获取的过程，
被研究者要有机会表达自己的观点，使用自己的话语而不是被迫使用
先定的类目，要能表达个人的动机和论断。"开放性"不能误解为研
究者应该"不带任何研究问题或概念来开展研究"，认为研究者的先
验知识、设想、世界观会影响自身进行的每个观察活动。此外，过于
开放性地开展研究会无视科学群体，目前已有许多研究传统用于研究
许多不同的主题。

开始分析文本

质性数据分析的第一步往往是阐释性或诠释性的，需要仔细阅读文本，努力去解读文本，也可以参考音频或视频记录的原始数据。

　　不阅读无法进行分析，阅读的效果如何会决定分析的效果（……）通读数据是为分析做准备。（Dey，1993：83）

第一步是开始分析文本，在文学研究中，文本通读是指研究既定文本的内容和语言。从文本的第一行开始，按照先后顺序读完文本，根据研究问题获取对既定文本的总体理解。通常先概述出研究问题，在阅读访谈文本时尝试去解决这些问题，这非常有用。例如，在我们实施的一项关于个体对气候变化的看法研究中，在阅读每个访谈文本时就要能够回答下面的问题：

· 受访者实际上对气候变化了解多少？

· 受访者是如何讲述气候变化的？

· 受访者个人是如何行动的？

· 受访者对自己有任何要求或期待吗？

· 受访者与朋友或他人谈论气候变化这个话题吗？

从形式上来研究文本也很重要。比如，文本的长度？用了哪些词语？尤其是有哪些显著的词语？受访者采用哪种语言？句子的长度？用了什么暗喻形式？

究竟该如何系统地阅读和分析文本？其实，阅读是日常生活中的一部分，个体科学阅读的方法多种多样。一些人用一支或多支彩色荧光笔标记文本，一些人在页面空白处用缩略语做笔记，另一些人则在其他纸上、索引卡片、研究者日志等中做记录。这些经过时间检验而颇具成效的各种方法不胜枚举，这些方法也并非不适用于质性文本研究。不过，在质性文本分析中，要确保具有可比性、易于理解、方法论上好实施，必须遵循严格的分析程序，具体步骤见下文。此外，上述提到的许多实用方法，如用荧光笔标记等，可以使用在 QDA 软件项目中（见第 6 章）。

不同于传统的量化研究模式，在质性研究中，数据获取阶段和数据分析阶段的界限不是很明晰，质性文本分析也如此。不同于标准化数据的统计分析，研究者不必等到数据全部收集完才开始分析数据，通常，一边分析已有数据，一边继续收集新数据。即便不遵循扎根理论，数据收集与分析有明显的交集，在数据全部收集之前开始内容分析也是很有益处的。因而，在首次访谈转录之后，就该着手阅读与分析。

着手分析文本的建议

· 根据研究问题分析文本

· 专心致志地阅读文本

· 标记出核心术语与概念

· 对重要段落做标记，做笔记

· 对难以理解的段落做标记

· 分析论点和论据

· 分析形式（如长度等）

· 识别内在结构（如段落、停顿等）

· 关注文本总的进展方式

分析备忘录

是使用计算机还是纸质文本，这完全取决于个人的研究风格和爱好。许多人觉得首先阅读纸质版文本非常有帮助，因为可以在空白处做笔记，在看似重要的段落处做标记，要这样做，就需确保对文本的段落和行都做好编号，这样便于将标记和评论转录到电子文本中。使用计算机，就可以用电子荧光笔凸显出重要或值得关注的段落。

文本中出现的任何特征或阅读中出现了任何想法，必须记录在备忘录中。

> 备忘录记录的是分析过程中研究者突然冒出的任何想法、观念、设想或假设，它可以是简洁的笔记（像粘贴在书中某页上的便利贴），也可以是关于内容的更具反思性的评论，这些是研究报告的基础。写备忘录是研究过程中不可或缺的一部分。

扎根理论详细地探讨了备忘录在研究过程中的重要作用（Strauss & Corbin，1996：169-192），并区分了不同类型的备忘录。不过，备忘录在质性文本分析中所起的作用不那么重要，人们只将其看作在研究过程中可以使用的有用资源，其作用如在扎根理论中那样。

案例总结

分析完文本，有必要写案例总结，这是对具体案例特征的系统性的、井然有序的总结。通常，它只是总结案例中涉及研究问题的描述。要记录下案例中对研究问题至关重要的任何特征。与备忘录不同，案例总结不包含个人观点，甚至不包含个人假设，尽管这是在分析文本过程中形成的，案例总结侧重的是事实，贴近原文本。

在我们开展的个人对气候变化的看法研究中（下文会有详细介绍），写案例总结时就考虑到上文提到的那些问题：受访者事实上对气候变化了解多少？受访者是如何讲述气候变化的？受访者个人是如何行动的？受访者对自己有任何要求或期待吗？受访者与朋友或他人谈论气候变化这个话题吗？此外，案例总结要回答两个具有对比性质的问题：如何评价这位受访者？该受访者或这个观点的独特之处是什么？

案例总结以事实为导向，建构在实际话语上，而不是在对叙事的阐释性或心理学的诠释上。任何看似可信的设想，如果文本内容无法证实，则不能做记录。

那么，案例总结究竟是什么？该多长？对于相对较短的文本而言，最好简单地记录下关键词语，如果是访谈，通常为每个案例总结创建一个标题或主题句（motto），比如，在我们研究团队开展的一项质性评估研究（Kuchartz et al，2008：34-35）中，选修大学课程《统计学》的学生被邀请讲述自己在该课程的不同阶段所采用的学习策略和行为，以及总体经验和评论，我们中的一位成员总结了这些案例的核心词语，下面两个实例来自此次研究。

受访者 R1 的访谈　主题句：态度积极却缺乏志向

她只觉得后半学期的辅导课有趣。

辅导课和实践课最好，不过最后课堂上人太多了。

大家都参加辅导课，上课却不预习也不复习。

课程的基本结构还好，能激发有效学习（productive learning）。

她没有自己的学习团队（事实上，是和一位朋友一起学习的）。

她希望自己有一个小型的学习小组。

不阅读其他材料，觉得自己的笔记就很好。

实践考试成绩不错，她只想通过课程学习。

受访者 R2 的访谈　主题句：经济型自学者

很少去听课，但更经常参加辅导课。

在中学一直喜欢数学，现在也喜欢统计学。

在家学习注意力更好，所以她不去听课。

听课没有用，因为听不懂。

她的学习材料来自网上附带答案的练习题。

购买并通读了推荐的教科书。

发觉辅导课很好。

参加了另一门实用性更强的统计学课程。

在课程中期学习方式发生了巨大的改变。

她建议，要有更多时间解决实践问题，提供更多的资料，这样学生都必须记笔记。

感觉她的期末考试准备很充分。

案例总结也可以是详细流畅的文本形式,用主题句总结个体访谈、群体和机构的质性研究。主题句侧重研究问题的一个方面,抑或取材于既定文本中的一段话或引述,抑或由研究者创造出来用于恰当地描述既定文本。诚然,主题句是强化了的特征,深受诠释的影响。因此,主题句并不总是有价值的。

在研究分析过程中,要为研究中的所有访谈创建案例总结,以便对案例有个总体概览,这种方法在案例数量颇大的研究中尤其有价值。然后,可以使用"最大和最小对比度标准(the criteria of maximum and minimum concrasts)"比较极其相似或差异巨大的案例。

这些案例总结对研究意义重大,其原因有以下四点:

- ·(团队方面)它们为大型研究团队提供了访谈综述,这样每个成员都能系统化地分析文本。
- ·(对比方面)总结便于创建多个案例综述表格。
- ·(分析区别方面)它们凸显了案例之间的差异。
- ·它们有助于生成假设和类目。

3.4　建构类目

选择质性数据分析,可能会出现这样的问题:如何决定使用什么类目?研究需要多少类目?在建构类目时需要遵循什么规则?现有关于研究方法论的文献中很难找到介绍如何创建类目的信息,人们一般认为这是常识。也存在一些没有实用价值的说明,比如,"如何建构类目没有专门的方法"(Kriz & Lisch,1988:134)。相关的教科书则指出,类目建构与分析密切相关,而提倡者也提出,类目建构的质量影响到内容分析的效果。因此,究竟怎样建构这样的类目呢?

最合适的方式是根据研究问题以及研究者所具备的关于该研究主题或研究领域的先验知识来创建类目。研究项目越趋向理论化，经验知识越广泛，研究问题越集中，现有的假设越具体，就越容易分析所收集的数据来创建类目。一般而言，建构类目的理论方法与经验方法处于两极状态。

建构类目的方法

理论的 ◄————————————————————————► 经验的

图 3.2　类目建构的两极

只根据实证数据来建构类目通常被称为归纳式类目建构（inductive category construction），Mayring 将这种方法称为"总结式内容分析（summarizing content analysis）"，并作了详细的描述（Mayring，2010：67-83）。运用这种方法可以通过释义、概括和抽象化原始数据来建构类目。

根据现有的研究话题相关的理论和现有假设去建构类目通常被称为推论式类目建构（deductive category construction）。

建构类目与识别和分类相应文本段落的过程都可以看作：

1. 分类和整合行为
2. 创造性活动，为相同的一类现象创建新的术语或概念

归纳式和推论式类目建构与在质性文本分析中使用它们并不存在冲突，毕竟，整个数据集都是在质性文本分析中编制类目的，这就是说，整个数据都是根据类目系统而进行系统化的分析的。在类目系统方面，无论类目是否是在实证数据基础上建构的，类目创建的规则和标准都要一致。关于归纳式和推论式创建类目的基本原则下文将有详细的描述。此外，下文将讨论这两种方法在实际研究中经常混合使用的问题，并讨论如何实施类目系统。

无实证数据的类目建构

推论式类目来自于收集实证数据之前就存在的类目系统。术语"推论式"指代"自上而下的逻辑"，类目可以来自访谈提纲、现有的系统化排列，也可来自理论、假设。

一个著名的新闻报刊区别了下面 6 个类目，该实例清晰地阐释了哪些属于推论式类目：

1. 政治
2. 商业
3. 财经
4. 体育
5. 文化
6. 综合

这些类目看似可行，它们来自日常知识，来自人们眼中的文化社会，这些类目区别也见于各个学科和政府机构。这样，任何出现在滚动新闻中的新闻故事都能恰当地"编目"并提送至相关编辑或部门，见表 3.2。

表 3.2　新闻标题与先定类目

时　间	新闻标题	类　目
18：48	雪崩受困者被同伴救出	综合
18：24	自 2004 年秋纳斯达克公司处于最低谷	财经
17：58	雅典耸人听闻的越狱	综合
17：22	奥巴马与普京意见依旧不合	政治
16：17	洛基山脉再次雪崩	综合
16：11	通用汽车公司本周五宣布改革计划	商业
15：52	奥巴马欲减缩一半赤字	商业
15：16	瀑布能源与天然气公司持续扩大	商业
15：10	《贫民窟的百万富翁》获奥斯卡最佳影片奖	文化
15：08	德国居民逐步减少	综合

很明显，一些故事或话题难以归类于哪个类目，比如题为《自2004年秋纳斯达克公司处于最低谷》的新闻究竟该归为"财经"还是"商业"，界限是模糊的，因此，必须要围绕分类的目的建立标准来区别类目，这样，编码者才可以放心地分类新闻标题，编码数据。

推论式类目建构的最大困难在于，如何精确地制订类目定义，以便类目界限清晰明了。这些类目必须是全面的，比如上述的包括6个类目的类目系统如果缺了类目"商业"就无法使用。此外，往往需要有一个类目包括任何一个不符合其他类目的话题，比如上述实例中的类目"综合"。这样就可以分类所有的数据了。推论式类目的首要原则是类目既要全面又要具分离性（disjunctive）（Diekmann，2007：589；Krippendorff，2004：351-352）。实施类目时要有合适的标准，这是必须的，那么质量标准是什么呢？可采用传统的信度标准，即编码者必须在其编码中表现出高度的一致性。此外，许多编码者的参与能提高研究的质量，这是可取的方式。

推论式建构的类目可运用到经验的社会研究数据中，这就是说，它们在数据分析和编码之前就已经存在了。这种方法不必看作单纯的质性或量化研究。比如，在上文描述过的关于"家庭与右翼极端主义"研究中，Hopf等人（Hopf et al, 1995）使用质性研究来分析依附理论（attachment theory）如何阐释十几岁的年轻人存在着右翼激进态度。"关系一般""关系密切"等分析类目以及相应的定义都来自关于依附理论的著名研究中。该研究进行了无数的传记体访谈，这完全符合质性研究的所有标准，比如开放性、可交流性等（Hopf & Schmidt，1993）。

使用推论式类目，有时研究者会发现这些类目不够精确，或太多数据被归到"综合"或"其他"类目，此时便应该修改现有类目甚至界定新类目，即便已经推论式地建构了类目，仍然可以对类目系统以及类目的定义进行修改，不必完全遵循最初的定义。

如果存在关于获取数据的工具或方法，如指导如何开展开放式访谈的访谈提纲，研究者通常会在质性文本分析的第一阶段就直接从访谈提纲中提取出主要的类目。先是推论式类目，接着是来自实证数据的归纳式类目和子类目。至于推论式与归纳式类目如何组合，第 4.3 节"质性文本主题分析"有详细介绍。

对比建构类目的质性和量化方法时，人们常将推论式类目建构与量化研究联系起来，对于使用标准化工具和以理论为基础的研究而言是精确的。不过，量化研究也具有描述性本质，可以归纳式地创建类目。在探索性因子分析（explorative factor analysis）中，甚至使用统计方法来帮助量化研究者区别不同的维度，采用归纳方式探索和建构类目。

根据数据建构类目

归纳式地建构类目是指直接使用数据来形成类目，这些类目不是来自理论或假设，也不来自某领域的主题总体架构。下面例举的方法在 Mayring（2010：83-85）提出的基础上加以了拓展，也更为具体，体现的是创建类目中的一般过程。

1）根据研究问题决定建构类目的目的

建构类目的目的是什么？关于如何阅读文本、界定类目，人们还没有达成共识。一切观点都是有针对性的。

2）决定区分各类目的程度

在分析和设计的研究报告陈述中使用多少核心类目合适？这不意味着要精确地决定类目的数量，诚然，任何类目建构的归纳过程要做到这样也是不可能的。相反，意味着要将研究过程看作一个整体，要意识到研究报告的目的以及读者产生的限制条件。因而，在分析的开始阶段，需自问，研究结果想说明什么？为了读者类目应细分到何种程度？在细分与概括之间适宜的平衡点是什么？这些问题的答案影响着编码系统的区分结构与区分程度。如果早已知道最终报告需要的是高度的总结与概括，却去设计非常细化的编码系统，这是不合常理的。

3）确立抽象标准

想在多大程度上忠实于参与者陈述的方式？如何使用抽象类目？例如，一位研究参与者描述了自己垃圾分类的行为，该界定的类目是"垃圾分类"？还是更为抽象的类目，如"个体废物回收行为"？还是更常见的类目"个体环境行为"？

4）从文本第一段开始，建构类目

文本段落顺序其实并不重要，但在分析文本甚至对数据进行随机或定额选择时，一定不能混淆段落顺序。

5）逐行按顺序阅读文本段落，直接利用文本来建构类目

在纸质文本上做标记，在空白处写下评语，也可用 QDA 软件在计算机上操作，给文本段落添加符码。类目本身可能有更小的单一或混合的术语，或者像在论证和话语分析中的论点、词组甚至短句。

6）进行归类或建构新类目

如果文本段落与现存类目一致，只需将其归于此类目即可，否则就需创建新类目。如果新类目与现有类目相似，就得创建更为抽象的新类目。

7）必要时，重新组织类目系统，开始分析下一个文本段落

有时，需要停下来修改类目系统。组合类目合适的话，能形成抽象类目。努力创建最佳数量的类目，达到适宜的抽象标准。

8）确立类目系统

不久后就不再需要新类目，到了这个时刻，类目系统就可以确定下来，并例举合适的实例来确立最终的类目提纲以及类目定义。

究竟需要分析多少数据才能取得最佳的编码系统呢？这个问题一般无法回答，只能说，根据需要而定，感觉文本不再出现新要素了即可。这也取决于要分析的数据的规模与复杂程度，或许只分析了文本的 10% 就可以了，又或许你得分析文本的 50%。一般而言，分析数据要经过几个循环，一些类目可以根据相似性组合在一起，另一些则显得太宽泛需要再细分。

归纳式类目看起来似乎只源自数据，但这种想法得摒弃，要牢记上文所述的阐释学视角，没有坚实的先验知识和理解就不可能理解文本。

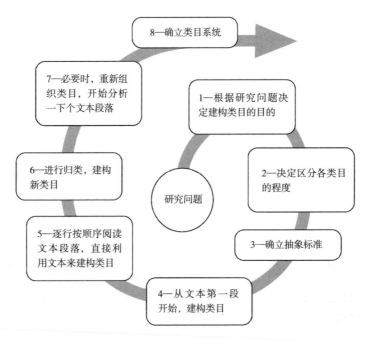

图 3.3　归纳式建构类目的过程

在扎根理论中归纳式地建构类目

四十年来，相比其他多数方法，扎根理论更集中地探讨了如何建构类目的问题（Charmaz & Bryant，2007；Glaser & Strauss，1998；Strauss & Corbin，1996）。扎根理论中的编码和建构类目与质性文本分析中的截然不同，却对如何在质性文本分析中建构类目有着启迪作用。严格意义上讲，不能将扎根理论中的类目建构称作一种方法，因为该理论本身形成了许多的分支。[1] 因为篇幅的原因，各种分支请参考 Charmaz（2006，2011）、Kelle（2007a）。

---

[1] 1967 年，Barney Glaser 和 Anselm Strauss 创建了扎根理论（Glaser & Strauss，1967），这不只是一种方法或评估的手段。Strauss 随后指出，扎根理论是一种研究类型或曰方法论，当时，他和他的合作者想设计一个认识论的政治学方法，挑战当时主流的行为主义研究范式（Strauss 与 Legewie 和 Schervier-Legewie 的访谈，2004）。Kelle 在扎根理论历史文献中发现了"对自我的归纳式误解"（Kelle，2007b：32）。根据 Creswell（2010），扎根理论主要有三个发展方向：（1）Strauss & Corbin；（2）Glaser；（3）Charmaz。他们让扎根理论有了建构主义的特征。

扎根理论是一种研究法，明确地关注如何生成假设和理论，旨在通过多层面的分析在数据基础上直接建构类目。开放式编码是分析数据的第一步骤，它的核心在于识别和 / 或命名概念。在扎根理论中，概念是现象的标签或标记，是生成理论的基础。Strauss 和 Corbin（1996：43-46）命名了下面的概念作为范例："注意力""信息传递""提供支持""监管""客人满意度""体验"。扎根理论中，整个分析过程被看作编码过程的一部分，在质性文本分析中，"编码"更为明确地指代为将数据段标记上相应的符码即类目的实际活动。概念在标准化量化研究中起着相似的作用。详述概念需要脱离数据，去形成理论。Strauss 和 Corbin 也将编码过程称作"潜入（diving into）数据之中"。 阅读文本可以是一行一行，也可以一句一句、一段一段甚至整个文本篇章，要自我思考，"该句子、段落或文本是什么意思？"要对各种现象进行命名，提出问题，并比较数据中的异同点。

研究者在概念化原始数据时，赋予了它生命。Strauss 和 Corbin 指出，原始数据除了有助于计算数字、重复信息外没有价值。概念往往在分析的前几个阶段中就已命名，可来自文献，不必研究者自己去建构。这一点是有用的，因为一些概念是与分析性意义相关的，比如"看护者的职业倦怠""生病的体验"和"地位的丧失"。诚然，这些概念中许多都与一定的理论相关，这些或许不利于此次的研究。

在第一次开放式编目文本时，最好注意研究对象所用的词语和隐喻，在扎根理论中，这些词语和话语是 in-vivo 符码，例如，Strauss 提到的术语"单位的传统传递者"，这是护士长用以指她单位里的一位护士（Kuckartz, 2010a：75）。

在分析过程中的其他阶段，扎根理论从最初的概念发展到类目，这是更为抽象的概念或更高抽象的总结性概念（Strauss & Corbin, 1996：49）。例如，在观看儿童剧时会出现概念"紧紧抓住""隐藏"

"让开"等，这些概念可进一步抽象化为类目"不分享策略"。

扎根理论中的概念应该尽可能地具体而精确，它们不是释义，而往往更为抽象、概括化。Strauss 和 Corbin（1996：106-107）例举了这些概念："在厨房干活""注意力""信息传递""谦虚""计时服务"和"客人满意度"。一旦收集了大量的概念，就能将它们集合起来，划分到各个类目中。

使用扎根理论，研究者能够创建理论，并了解如何在数据基础上去创建理论。这种经验为本的分析也是质性文本分析的特征，每个类目和子类目所呈现的各种关联性、作出的每个评估，以及所建立的各种类型模式（typology），都源自数据，这种记录无论是专家还是普通读者，都可追溯查证。从一开始，扎根理论就旨在创建理论类[1]，然而，质性文本分析不必这么做。扎根理论不需要所有数据都被编码，它只关注如何让研究进展下去，关注如何建构类目，形成理论，而置数据于身后。

混合方法建构类目

质性文本分析以规则为导向，它的一个特征就是混合不同方法来建构类目，人们称之为推论 - 归纳类目建构（deductive-inductive category construction），并广泛地加以使用，如 Marying 和 Glaeser-Zikuda 编著的论文集《质性内容分析法的实践》（*The Practice of Qualitative Content Analysis*，2005），Glaeser 和 Laudel 的研究方法（2010），Hopf 和其同事有条理地记录的"论家庭与右翼极端主义关系研究"（Family and Right-winged Extremism，1995）。在后者的研究中，研究者先根据依附理论形成假设和类目，然后将数据按类目分类，对类目作必要的修改与区分。与此同时，数据中意料之外的要素，比如那些无法从依附理论中获取的信息，就促成了新类

---

[1] 参见 Kelle（2007c）。

目的建构（Schmidt，2010）。

　　研究问题和研究计划不同，利用推论 - 归纳方式来建构类目的方式相应地有所不同，不过，一般都是先从由少数量的核心类目构成的类目系统开始，通常不超过 20 个，它们来自研究问题或某个理论。与推论式类目不同的是，这些类目只是起点。它们相当于查找工具，即，从数据中寻找相关内容并大致地加以概括。然后才是归纳式地建构子类目。此时的查找可局限于每个核心类目下的数据。

　　第 4.3 章节探讨文本主题分析，将以典型范例来说明类目是如何同时以推论和归纳这两种方式进行创建的。

3.5　范例分析

　　本书后面章节中所例举的许多范例将详细描述三种基本的质性文本分析，所收集的数据都属于我们的研究项目"个体如何看待气候变化——知识与行为的不一致性"（Individual Perception of Climate Change—The Discrepancy between Knowledge and Behaviour）[1]。该研究主要的研究问题是，人们的世界观、对他人的看法、自己在全球社会中的定位所体现出的基本评价对涉及保护气候的知识与行为的不一致性产生了什么程度的影响？（Kuckartz，2010b）

　　研究样本是 30 位参与者，根据年龄分为 15—25 岁一组——网络时代青少年，和 46—65 岁一组——生育高峰期出生者。研究方法为质性开放式调查，具体形式是访谈和标准化问卷调查，通过定级方式获取参与者对气候变化的总体评价以及社会人口统计特征。研究开始采用的是问题为中心的访谈法（problem-centred interview）（Mackie，1974），按照以下的提纲开展：

---

[1] 该研究是 2008/2009 冬学期 "环境教育与传播" 研讨会上学生们做的研究。

表 3.3　范例研究中访谈提纲节选

> \>> 访谈者：世界观
>
> 你认为 21 世纪全球面临的最严重的问题有哪些？
>
> 我们如何解决这些问题？如果存在影响因素的话，谁或什么促成了这些问题？
>
> 请考虑气候变化和必要的二氧化碳减排问题。发达国家改变消费习惯能缓解这些问题吗？
>
> \>> 访谈者：对他人的看法
>
> 人们常说言行不一致，即态度和行为不一致。你是怎么看待这个问题的？
>
> \>> 访谈者：对自己的看法
>
> 全球发展如何影响了你？
>
> 你认为自己将如何影响全球发展？怎样的行为会影响全球发展？
>
> 你真的是那么做的吗？
>
> 你愿意付出更多吗？
>
> 你是否认为自己有责任去解决 21 世纪的全球问题？
>
> \>> 访谈者：结语
>
> 你认为人们可以学会如何解决这些全球问题吗？如果可以，怎么做？在什么地方？

　　相应的四页标准化问卷所询问的问题涉及环境保护的个人相关性，人们对不同环境问题的危害性的评价（如全球变暖现象、核武器等），气候变化及其原因，个人对环境、对环境传播的态度及个人对解决这些问题的责任问题。此外，诸如性别、年龄、教育程度和收入等社会人口统计信息也做了收集。

　　质性访谈内容进行了逐字地转录，来自标准化问卷调查的数据则记录在 Excel 表中，之后，利用计算机辅助质性文本分析对这两部分进行编辑和分析。该研究是本书典型的范例，其研究问题很集中，来自质性访谈的数据规模也在可控范围内。如果是大型研究项目，尤其还包含了难以想象的几千页纸访谈，不阅读这些访谈文本根本无法理解研究，再加上本书篇幅的限制，这里就不作范例讨论了。

第 4 章

质性文本分析的三大基本方法

本章概要

· 主题矩阵（thematic matrix），即概况矩阵（profile matrix），是质
  性文本分析中的一个基本概念
· 质性文本分析三种基本类型之间的异同点
· 主题分析
· 评估分析
· 类型建构分析
· 这三种方法的基本过程及各个阶段
· 各种准备和陈述研究结果的方法

　　在社会研究中，质性文本分析有无数的方法和手段。Mayring 曾
作出了区分总结、归纳式类目建构、狭隘和宽泛的情境分析、形式结
构化（formal structured）、主题、类型结构化和定级结构化这八种质
性分析法（Mayring，2010：113-114）。

　　下文将详细描述三种基本的质性文本分析法，这三种方法使用
不同的分析策略，在实际研究中经常出现，尤其是第一种——质性
文本主题分析。有趣的是，主题分析目前为止也是量化内容分析中
最常用的方法，主要用于分析主题的出现频率。质性文本分析与量
化分析的不同点尤其凸显在主题分析上：具有细分本质的量化分析
旨在将语言数据精确地归类于类目（由数字表示），接着从统计角
度评估所生成的数据矩阵，而质性文本分析则关注文本本身，尤其
是整个文本。即便划分了类目，文本本身，其措辞方式也是有关联的，
在诠释和陈述研究结果时也起着重要的作用。而在量化内容分析中，

研究结果只有统计参数、系数和模型，只有这些是用来诠释和陈述的。编码结束之后，量化内容分析的文字数据即便用作引文，也不再具有吸引力，因为统计分析结果的可信度不能由所选择的文本段来体现。

这三种质性文本分析法都是侧重话题和案例的分析方法。这就是说，它们既是基于类目的分析，也是基于案例的分析，比如基于类目的总结。对案例或一组案例进行对比，在这三种方法的分析过程中都是重要的。

4.1　概况矩阵：质性文本分析的一个基本概念

概况矩阵是质性文本分析的基本概念，多数情况下，它是由许多的话题（即主题）构成的矩形阵列，因而也称为主题矩阵。此外，它也可包括属性、地点、日期等信息。这样组织起来的数据可堪比量化数据统计分析中交叉表的创建。在量化分析中，参数和系数是最为重要的，表格中呈现的关联性被总结为一个系数，如卡方（Chi-square）系数，Pearson's r 系数，或 Cramer's V 系数。质性分析不在于识别和总结数值并检验统计显著性，相反，旨在对诸如概况矩阵中的信息进行清晰易懂的诠释。矩阵中每个单元格不是数字，而是文本，在分析过程中可随时查看。这样，就可在具体情境下进行选择、分类和抽象化。

概况矩阵可以从两个角度加以分析。

首先是横向，对矩阵的每一行进行分析，比如表 4.1 中第二行关于第二个参与者的信息，以获取对该陈述者总的看法。话题类目分析是以案例为研究视角的，结果可以是关于几个或全部选定话题的书面案例总结。

表 4.1　概况矩阵原模型，这里也是主题矩阵

	话题 A	话题 B	话题 C	
参与者 1	参与者 1 关于话题 A 的文本段	参与者 1 关于话题 B 的文本段	参与者 1 关于话题 C 的文本段	→参与者 1 的案例总结
参与者 2	参与者 2 关于话题 A 的文本段	参与者 2 关于话题 B 的文本段	参与者 2 关于话题 C 的文本段	→参与者 2 的案例总结
参与者 3	参与者 3 关于话题 A 的文本段	参与者 3 关于话题 B 的文本段	参与者 3 关于话题 C 的文本段	→参与者 3 的案例总结

基于类目的分析

↓　　　　　↓　　　　　↓

话题 A　　　话题 B　　　话题 C

其次是纵向，对矩阵的每一列进行分析，比如表 4.1 中的话题 B 栏，这是以话题为研究视角的，通过研究可获取既定话题的所有参与者的陈述。

对每一列加以总结生成主题总结，系统地描述特定话题的不同陈述；对每一行加以总结生成案例总结，体现参与者的个体特征。显然，该矩阵可用于更复杂的分析，比如，多行比较，对比多个个体；也可多列比较，对比不同话题之间的关联性，看各个陈述何时达成一致；也可比较不同类目的陈述，评估这些陈述的一致程度。

此外，可以纵向和横向地总结各行与各列的信息，即可以根据具体特征将所有参与者划分组群，各种话题则可归类于更为宽泛或更为抽象的总类目。

4.2　三种分析法的异同点

下述的主题分析、评估分析和类型建构分析三种方法都与类目有关。传统内容分析是形成于 1940 年代的系统化分析法，基本理念是创建类目，根据这些类目来分析实证资料。随着这些年的发展，该分

析法更趋向于一种量化内容分析形式，常忽视文本分析、文本理解的质性要素。[1]

　　这里论述的三种质性文本分析也重视类目，类目是分析中最为重要的工具。尽管这三种分析法在一定程度上彼此关联，但绝没有高低等级之分。评估分析并非优越于主题分析，类型建构分析也非优越于评估分析。最好根据具体研究问题来决定哪类分析最合适。在分析过程中建构类型并不总是有益的，尽管在方法论教科书中，类型建构常被描述为质性研究的目标，常被等同于量化研究中的代表性概括（representative generalization）。不过，如果研究的目的就是详细地描述研究对象，或检验假设看各个概念之间的联系，那么类型建构法或许并不那么实用。

　　高度探究性或描述性研究也许重视对事件和论点的分析，研究类目之间的关联性，或是利用扎根理论为研究领域中识别出的现象创建核心类目（Strauss & Corbin，1996：100-101）。在此情况下，评估分析与类型建构分析都不适用。前者会迫使研究者在研究中过早地进入分析。此外，这两种分析法都没有采用扎根理论中的比较法，以最小化或最大化比较来开展分析。

　　总体而言，质性文本分析的这三种方法有六大主要相似之处：

1. 都是分析法，不规定数据收集的类型，诸如主题和类型建构等不同类型的分析法可随意出现在相同的数据研究中，比如，出现在对现有质性数据的二次分析中。[2]

2. 都是压缩和总结数据，而不是通过分析来拓展数据以便经注式地诠释它。

3. 都是以类目为核心，以分析类目为重点，虽然，类目如何建构的方式可能不一样。类目或话题可来自理论或研究问题，然后再运用到数

[1]　见原型计算机程序"General Inquirer"，它把研究数据自动生成词语编码。参见 Zuell & Mohler（1992）。

[2]　关于质性数据二次分析，见 Essex 中的 QUALIDATA Archive。

据中，也可直接从数据中形成。结合多种方法来创建类目也是常见方式。

4. 都是系统化的科学方法，不可进行艺术诠释，换言之，这些方法的实施步骤要精确描述，研究者需熟练掌握，它们不涉及诠释的艺术，后者是文学或艺术历史学的特征。

5. 都与语言相关，最初都视为系统化质性分析语言数据的方法，不过，也可以运用于分析图像、电影和其他的文化和交流产物。

6. 都因为自身的系统性和规则制约性而可以确立质量标准，用以识别一个文本分析的优劣程度。

在这三种方法中，分析甚至可以在数据没有全部收集完成之前开始。和扎根理论一样，这些方法接受不同的抽样法，可以和诸如定额抽样等传统抽样法结合，也可以和理论性抽样法（theoretical sampling）相结合。作为系统化分析过程，这三种方法都需要对整个数据进行完整的编码，这意味着，类目系统一旦出现大的改动，就需要再对数据进行分析，就需要更多的精力。研究者一旦认定研究中的整个数据可以系统化地根据类目来分析，就不会根据案例得出草率的研究总结。无论采取哪种分析法，最好在研究日志中尽可能精确地记录下分析的整个流程。

4.3 质性文本主题分析

特　征

质性文本主题分析已在无数的研究项目中得以检验，各种形式的方法论文献都对它进行了描述，如 Lamnek 详细描述的"内容归纳分析法范例"（Lamnek，1993：110）。人们也提出了如何建构类目来进行主题分析的各种方法建议，范围从使用数据来归纳式地建构类目，到根据相关领域基本理论或研究问题来推论式地建构类目。

完全归纳式或推论式的类目创建是很少见的，多数情况下，分类和编码是多阶段的过程，在开始分析时数据是根据主类目粗略编码的，这些类目可来自数据收集过程中的总提纲。此阶段的类目数量相对不多，便于管理，一般为 10~20 个。接着，这些类目根据数据进一步建构、区分，在此基础上整个数据集再次编码、分析，为研究报告做准备。更为详尽说明的类目系统是研究报告的基本结构，通过对比各种受访者组群之间的异同，基于类目的分析变得更为微妙复杂，更具阐释性。

理论上，既可以对提纲式（guideline-oriented）、问题式（problem-centered）、焦点（focused）访谈进行主题分析，也可以对其他各种数据，如焦点小组访谈、事件（episodic）或叙事性（narrative）访谈等其他形式的访谈进行主题分析（Flick，2007a：268-278）。每种类型可能都需要作相应的调整。例如，如果是叙事性访谈，则可能要对有受访者讲述与阐释的文本段落进行分析，分析的重点就是这样的叙事性数据。

过　程

主题分析的基本过程见图 4.1。

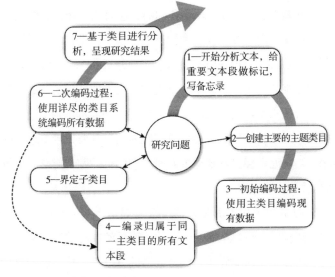

图 4.1　质性文本主题分析过程

具体过程

第一阶段：开始分析文本，给重要文本段做标记，写备忘录

分析过程的第一步在第3章就已描述过，这里再简单地叙述一下。质性文本主题分析过程的第一步是仔细地阅读文本，选出重要的文本段做上标记，在空白处记下评论和观察报告，创建备忘录记录那些自己认为非常有趣或相关的信息，或者分析中的任何想法。在此阶段结束时，可以写出初始的简短的案例总结。

第二阶段：创建主要的主题类目

第二步骤是确立主题类目，即开始编码。

文本的实际内容，如话题和次话题，是质性文本主题分析中的分析类目。这些类目来自何处？如何选择"正确的"话题和次话题来开展分析？在分析差异化（differentiation）时应该使用多少话题？

主要话题通常可以从研究问题中直接建构，也常影响着收集数据的方式。在我们的范例研究中，受访者在开放式访谈中讨论自己对全球最严重问题的看法，从逻辑上讲只有"全球最严重问题"是分析的主类目，话题"对气候变化的个体行为"也是主类目，因为这一点是整个研究的核心，出现在研究问题中，是分析的一个主要话题。研究者或许在仔细阅读文本过程中会发现意料之外的新话题。最好采用扎根理论中开放式编码法来阅读文本，在空白处或备忘录中记录下新话题。通常，开始时任何似乎相关或特殊的信息都要记录下来，随着阅读的深入，研究者会更好地理解如何区别随机话题与对研究分析至关重要的话题。

形成的主话题和次话题无论是来自数据本身，按照第3章描述的过程中建构的，还是从研究问题的理论框架或总的研究提纲中推论而来的，研究者都需要先对一部分数据进行分析，检验这些主话题和

次话题以及其他定义是否确实适用于整个实证数据的分析。选择多少数据来检验取决于整个数据集的规模以及类目系统的复杂度。数据越复杂，类目越多，初步研究的数据就需要越多。一般比例为总数据的10% ～ 20%，如果类目是直接来自实证数据的，则不用检验，直接进入实际编码阶段。

第三阶段：初步编码过程——使用主类目编码所有数据

该步骤指研究者一章节一章节、一行一行地对文本进行从头至尾的阅读，并将文本段划分到各个类目。研究者要判断文本段中出现什么话题，将其归类于恰当的类目。任何不涉及先定主话题和次话题的文本段都与研究问题无关，不需要编码。

给文本标记类目一般依据是对文本总的评估，尤其在研究者不确信的时候更要如此，从阐释学角度，要理解整个文本，需要理解各个构成要素。一个文本段可能包括无数话题，也就可能相应地归属于无数的类目。

> 在质性文本主题分析中，一个文本段可以指涉多个主话题和次话题，因而，它可以分类到多个类目，这就导致一些已编码文本段彼此部分重合且相互关联。

传统内容分析要求对类目进行精确的界定，人们通常误以为是指一个文本段只能划分为一个类目。其实，这种情况只出现在类目系统中的子类目彼此排斥之时（见第 3.4 节中推论式类目建构的范例）。在主题编码中，一个文本段可以指涉多个话题，因而可归类于多个类目。

在我们的研究范例中，类目是建构在访谈总的主题体系基础上的：

表 4.2　主要的主题类目

缩略形式	主要的主题类目
WP	全球最严重问题
IP	对全球问题的影响
CC	消费与全球气候变化
CD	态度与行动 / 行为差异的原因
PR	个人与全球发展的关系
PB	个体行为
SR	责任感
AL	学习如何解决全球问题的能力

以下规则用于主题分析初步编码过程中的类目系统，具体如下：

· 与研究问题和研究目的密切相关

· 既不太细微也不太宽泛

· 对类目进行精确详细的描述

· 时刻以研究结果的报告为准则，即所选择的类目要能为分析之后撰写研究报告提供框架

· 在部分数据上进行试点分析

在初步编码时对整个数据集进行编码，要决定编码单位的规模，即对怎样的文本片段进行编码，以下面的访谈节选为例。

访谈者：你认为 21 世纪全球面临的最严重的问题有哪些？

受访者 1：嗯，这个答案太多了（……）宗教和文化冲突肯定是重大问题，当然还有大自然环境问题，因为，嗯，这些问题根本无法定级，它们都在影响着全球，有着很深的根源（……）从水问题到宗教问题，问题太多太多！但我想目前还是环境、文化和宗教问题最为严重。

　　该片段显然属于类目"WP——全球最严重问题"。编码单位范围不能太狭隘，要离开原始情境依然能被人所理解。如果结构或半结构化访谈中的回答都很短，那么将整个回答看作一个单位来编码会提高编码效率。关于一个话题的文本可能包括许多段落，它们需要看作一个整体归属于类目"WP——全球最严重问题"。这样同一个文本或段落就不会被重复标记在一个类目中，当然，其他话题和类目可能会出现在该文本段中，这些句子就单独标记在另一个类目下。

　　下文的规则用于指导如何编码，即如何将文本段划分到各个类目。

---

　　1. 界定编码单位的不是形式化标准，而是语义范围（semantic boundary）。这些单位的意义必须是完整的观点和完整的句子结构。

　　2. 如果一个意义单位包含多个句子甚至多个段落，那么将它们作为整体来编码。

　　3. 如果访谈问题或阐释对于理解受访者的话语至关重要，就必须包括在编码之中。

　　4. 在标记类目时，必须要知道与既定信息相关的文本范围有多大，最为重要的是，选定的文本段脱离了上下文仍然要能为人所理解。

团队合作：确保编码的质量

　　在质性文本分析的实践活动中，一个重要的问题是，文本必须由一位还是两位及以上的编码者进行编码？ Hopf 和 Schmidt（1993）提出了所谓协议编码的合作法，即，一个研究团队中的两位或两位以上成员分别对访谈进行编码。这就需要一个类目系统，以实例详细地描述类目和子类目。协议编码能提高研究的质量，提高编码的信度。

　　具体过程是：两位或两位以上的成员独立编码，然后一起分析这些编码，检查其异同之处，进行讨论与争辩，对最恰当的编码达成一致意见。这样，研究者通常能够以有争议的文本段作为最佳范例，对类目定义和编码进行修改。

　　无法达成一致意见的情况一般比较少见，但如果这样，研究团队中更多的成员就会加入编码过程，或整个团队成员都参与对有争议的文本段的讨论。该过程使得编码和评估中的差异性显现，这就促使研究团队进行建设性的讨论。在量化文本分析中可能出现的是编码一致性（coding agreement）问题，其核心是要获得理想的编码者间信度系数，而在协议编码中，核心在于澄清研究小组的差异性，达成一致性。协议编码需要至少两位研究者从研究的一开始就参与到编码活动中。

　　因而，研究一般最好要有两位或两位以上的编码者独立地对数据进行编码，数据编码者越多，类目定义将会自然而然地更为精确，文本编码信度也更高。不过，要多位编码者一起合作往往可能性不大，比如，写硕士或博士论文的学生，通常不太可能找到他人合作。在这种情况下，必要的时候，研究者必须仔细地去改善显性的类目定义，改进原型范例。毫无疑问，个体独立编码不可取，需尽量避免，特例是，编码系统中只有几个精确描述的主类目，比如结构化的访谈文本，编码者不需要对文本标记类目的准确度给出实际判断，答案往往就在访谈提纲问题的相应回答中，这在初步编码过程中被视为编码系统。

第四阶段：编辑归属于同一主类目的所有文本段
第五阶段：根据数据归纳式地创建子类目

　　在主题分析中，初步编码结束之后，通常是为相对概括性的主类目创建子类目。该过程一般包括：

· 选择要去区别的主题类目，即要去创建（新的）子类目的类目。

· 将属于同一类目的所有已编码的文本段输入列表或表格中，这就是文本检索（text retrieval）。

· 根据数据创建子类目，并将它加入列表中，该列表最初是没有排序的。在研究团队中，每个成员负责一部分数据的子类目建构工作，比如四人的研究团队，进行了 20 次访谈，那么每个成员需负责 5 个案例并给出自己的建议。

·系统化排序子类目列表，识别出相关的维度，必要的时候，将子类目总结到更为概括化、抽象化的子类目中。

·界定子类目，使用原型范例来加以说明。

范例 1：为类目 "WP——全球最严重问题" 建构子类目

在我们的研究范例中，需要根据现有数据为类目 "WP——全球最严重问题" 创建子类目，我们先在小组会议上收集了每个成员为子类目建构提出的建议，然后系统化地组合所提到的所有的全球问题。

如何将这么一个庞大的清单变成适合进一步分析的内容？这就得考虑分析的目的。要自问：在研究报告中关于这个主题我想陈述什么？这个问题上能够并且应该获得什么详细信息？需要子类目来确定类目之间的关联性吗？哪种程度的差异化是必须且有用的？

在我们的研究范例中，作为研究团队我们设想受访者所提到的当前全球最严重问题是与个人态度密切相关的，影响人的日常生活。根据研究的主话题——个人关于气候变化的看法，我们也想研究，提及气候变化是全球最严重问题这个话题是否对个体日常行为产生影响。类目必须清晰而精确，尽可能地简洁，却要足够地复杂，子类目越多，类目的定义就越精确，对不正确的编码怀疑度越高，编码者培训就越复杂，要取得编码者间一致性就更为困难。总体而言，为了完整性，所有类目下必须包括一个子类目 "其他"。

我们的研究范例中最终的子类目清单如下：

表 4.3　主类目"全球最严重问题"中子类目的界定

"全球最严重问题"的子类目	定　义	数据实例
环境	指代大自然环境中影响环境的各种变化和现状。	气候变化 / 环境污染
冲突	指代国家和不同社会、政治、族群或宗教群体之间的一切非武力和武力冲突。	战争 / 恐怖主义 / 宗教冲突
社会问题	指代社会不同层面上的社会变化和社会问题。	社会变化 / 自我中心主义 / 社会流动中的道德堕落
疾病	指代疾病引起的各种问题。	流行病
科技	指代当今将永远影响我们生活的科技变化。	科技的变化
资源匮乏	指代生存或维系一定社会标准下生活的必用品的匮乏。	饥饿 / 水资源匮乏 / 原材料匮乏 / 能源匮乏
贫困	指代全球范围内以及自身文化环境中的贫困现状。	贫困儿童
社会不公正	不涉及贫困问题，侧重关注财富的分配不公正或贫富差距，也涉及诸如教育机会等机会均等问题。	贫富差距 / 不平等：第一、二和第三世界
其他问题		

范例 2：对待气候的态度

本范例中如何识别维度并创建主题子类目相对较困难，这里的主类目是"对气候变化的个体行为"。首先是仔细阅读文本段，在初步编码过程中对其进行编码，接着开放式地编码概念和主题，直到自己想出如何系统化地识别出各个维度，在本范例中，我们记录了一大串的符码：

- · 驾驶节能车
- · 垃圾分类 / 回收
- · 购买节能灯泡
- · 屋顶使用太阳能金属板
- · 企业需以身作则
- · 我们当然可以做得更多
- · 没时间
- · 没钱买有机食品
- · 个人真的是无能为力的
- · 购买节能设备
- · 只有科技才能真的改变一切
- · 政治调节
- · 节省能源
- · 不属于有环境意识的类型
- · 太舒适 / 安逸而延续旧常规
- · 提高道德比环境问题更为重要

对于这样一个看似永无止尽却有价值的子类目清单，如何系统化地总结它需要一定的技能和实践，但最为重要的是，必须与研究问题相关，要以研究的最终成果（在多数情况下即研究报告）为目标，要适合研究报告既定接收方或读者的阅读。分类系统要可信、容易阐述，要融入当前的理论，并能推进理论的发展。如果决定依赖现存的概念和类目，则需要尝试进一步区分和系统化它们，以便符合自己研究的要求。

我们在范例中识别了主类目"保护气候的个体行为"的 4 个维度：

1. 当前行为：受访者提到的环境保护的有效方法被界定为子类目，具体如下："节省能源""垃圾分类 / 回收""购买节能设备""使用环保的交通工具""加入环境保护团体""驾驶节能汽车"和类目"其他"。

2.改变行为的意愿：理论上，几乎所有的受访者都愿意采取行动更好地保护气候，不过多数人表达意愿时是这么说的，"愿意，但是……"接着列举出一大堆不能做的原因。他们的观点以及种种原因被界定为子类目，具体是"没有足够时间""（旧方式）太舒适了""一个人的力量是微不足道的""企业和政府需以身作则""常规是障碍""太昂贵""公共设施还不够"和类目"其他"。

3.行为理念：指许多受访者对个体行为或改变个体行为所持的总态度。个人行动出现在两极的冲突之中，一方面，"调节生态"迫使人们采取行动，这是几乎所有受访者的态度；另一方面，人们想维持旧习惯，尤其在自我界定的核心领域。这种冲突使得许多受访者根据自己的原则来谈论对自己个体行为的看法，于是我们界定了体现这些主题和心态的子类目，比如，"管理者和政府领导者应该以身作则""从小事情慢慢做起""他人不改变，我也不会改变""科技并没有带来巨大的变化""我不这么认为的"和"我们都得注意举止行为"。

4.行为相关要素：该维度的依据是受访者所提到的行为要素，这与第一个维度"当前行为"部分重合，将其界定为一个独立维度，目的是要明确，无论受访者个体当前在做什么或者未来将做什么（来改变自己的行为），他们提到了环境行为中的哪些行为要素。子类目形成的方式类似于上述的"全球最严重问题"中子类目的形成方式。这些子类目与"当前行为"维度相一致。每个子类目都要给予精确的定义。

第六阶段：二次编码过程——使用详尽的类目系统来编码所有数据

成功界定子类目和维度之后，进入二次编码阶段，将每个主类目下的已编文本段再归类到刚界定的子类目中。这种系统化分析要求再次分析数据。要保证使用了足够多的数据来区分主话题并界定新的子类目。如果类目建构在小规模的数据基础上，就有必要在以后的分析过程中拓展和再界定子类目。在分析的后期，总结和合并子类目是很容易的，但要界定新的子类目难度则更大，它需要重温所有数据并再次对其加以编码。当然，这是很不利的，需要投入更多的时间和精力。

如果数据相当冗长，如果早已开始了分析并建构子类目，就直接根据合适的子类目编码文本段，缩短分析过程中的最初几个阶段，不必使用主类目来进行编码。在决定研究需要多少维度或子类目合适时，要务实，要考虑样本的规模。比如一项只有几个被访者参与的研究就没有理由建构大量的子类目或特征。在根据主题分析计划创建和分析类型时尤是如此，因为类型建构的重点在于受访者的异同点。所界定的特征必须体现在几个样本中，不能是某个案例所特有的。

第七阶段是至关重要的，内容也较多，将单独描述，下面先回顾一下系统化案例总结。

案例的主题总结

二次编码之后，基本上对数据进行了系统化架构，现在可以进入质性文本分析的下一阶段。但此时很有必要先创建数据的主题总结，这种总结在质性文本分析的前几个阶段就已经得以结构化，该方法尤其适用于处理过多的数据，或诸如"个体行为"等话题相关的文本段分散在整个访谈中的时候。

创建案例的主题总结，尤其是对比总结表（comparative tabular summary），是质性分析中的常见方法，在方法论文献中有完善的论述（如，Miles & Huberman，1995）。Ritchie 和 Spencer（1994）、Ritchie，Spencer 和 O'Connor（2003）在应用政治学研究中，对该方法进行了详细的描述，称其为"框架分析（framework analysis）"。

主题矩阵是起点，通过系统化分析过程实际被转变成不包含任何原始数据信息的主题矩阵，就是研究者自己写的分析性总结。通过这种系统化主题总结，数据被压缩减少成只与研究问题相关的信息。接下来的步骤有：

步骤 1：起点——主题矩阵

系统化编码生成主题网格或矩阵，其中的每个单元格都是一个节点，代表数据中的一个位置或段，这可能出现在整个访谈中。内容分析过程中的前几个阶段在研究者的类目框架下生成了无序的访谈表格或排列，类目系统越复杂越精密，就越难在（适宜刊印的）主题矩阵中呈现出来。

表 4.4 主题总结的起点：主题矩阵

	话题 WP：全球最严重问题	话题 PB：个体行为	话题 C……	
受访者 1	受访者 1 关于全球问题的文本段	受访者 1 关于个体行为的文本段	受访者 1 关于话题 C 的文本段	→ 受访者 1 的案例总结
受访者 2	受访者 2 关于全球问题的文本段	受访者 2 关于个体行为的文本段	受访者 2 关于话题 C 的文本段	→ 受访者 2 的案例总结
受访者 3	受访者 3 关于全球问题的文本段	受访者 3 关于个体行为的文本段	受访者 3 关于话题 C 的文本段	→ 受访者 3 的案例总结

基于类目的分析

↓	↓	↓
话题 WP	话题 PB	话题 C

步骤 2：创建案例的主题总结

此时研究者创建关于主话题与次话题的总结，这些总结必须是研究者自己对文本的诠释，不能直接引用文本，这需要研究团队投入更多精力，不过在分析过程中这样做是很有益的，它迫使研究者从受访者的实际话语中提取核心内容，根据研究问题对它们加以总结。

就以上述表 4.4 中话题 PB 栏中受访者 2 为例。该矩阵单元格里

呈现的是研究范例中访谈的七个文本段中已编码的陈述，详见表4.5，
列 1 和列 2 是关于每个陈述的第一和最后段落的编号。

这些陈述总结如下：

表 4.5　主题总结的起点：已编码文本段

起始段	结尾段	文本段
26	26	是的，就像我刚才讲的，我想生活更加节能。我想这是唯一的办法。或者大的能源公司更多地采用核能，当然，一般人肯定不赞成的。（……）那就像我刚才讲的，在出行方面，可以更多地使用公共交通工具，短途就骑自行车（……）是的。
27	28	访谈者：你自己实际是这么做的吗？ 受访者2：没有，自己没有这么做。我是很随意的，过得很舒服，就像我刚才讲的，我真的不认为气候巨变主要是由我们引起的。
32	32	好的，首先你得向我阐释清楚为什么我们真的是罪魁祸首。 或许大自然中气候变化是常事，我是说，德国过去地面是一层厚厚的冰覆盖着的，现在却彻底融化了，气候也再次发生了变化，事情就是这样的，气候总是在变化的。在我看来，一定要弄清楚我们是不是导致目前气候如此变化的主要原因。
33	34	访谈者：是的，你现在是怎么看待谨慎消费这个问题的？比如，购买有机食品，买公平贸易（fair trade）的衣服。你认为这在理论上是好事吗？如果你有了更深的了解，你会购买有机食品吗？或者说，你认为有机的水果蔬菜和普通的一样吗？我讲明白了吗？ 受访者2：嗯，有机的，我只会买些真正对自己健康有益的有机产品，我真的不知道这会对环境产生多大影响。嗯，公平贸易的衣服，我不知道，我只买自己喜欢的衣服。我不会只因为是公平贸易的就一定去买，如果样式好看我可能会买，或许这让穷人有更多的机会吧。
36	36	是的，理论上我是知道的。我不知道在低收入国家，工资收入那么低，产品却以高价销往欧洲或西方国家。（……）嗯，我不知道如果（……）我选择不（买这些产品）会有多大影响？

续表

起始段	结尾段	文本段
38	38	是的，我是想（……）我这种人（……），如果那里的人失业了怎么办？我是这么想的。即便他们能工作获取那可怜的一点收入，如果我不买那些衣服，或许他们根本没工作了，他们的生活会变得更糟糕。
49	52	访谈者：如果你发觉自己身边的人都在参与环境保护运动，比如你的朋友，你接触最多的那些人，你会改变自己的观点，参与并努力去防止气候变化吗？或者你还是做你的"害群之马"呢？ 受访者 2：我想我还会做我的"害群之马"（大笑）。 访谈者：哈哈，你还是挺固执的？我是说，你认为没有人可以影响你去改变观念吗？ 受访者 2：啊，我不知道。我想会有点影响（……）我的意思是，是存在群体动力的，但是（……）在没有完全信服之前，我不会因为其他人这样做而跟着做。最好是这样啦。

受访者 2 没有努力去思考自己的行为与气候保护之间的关系。他给出的理由是，气候变化是否是人类活动导致值得质疑，个人能否通过购买公平贸易的产品而真的起到什么改变值得质疑。此外，他自身的便利与舒适生活也是重要因素。即便他周围许多人有环境保护意识，他也不认为要改变自己的行为。其主观上认同可以改变的行为是：节省电源、使用公共交通工具、骑自行车、（只出于健康考虑）购买有机产品。

没有必要为每个主话题和次话题创建案例的主题总结，可以关注那些与后期撰写比较案例综述相关性更大的话题。

步骤 3：案例综述

创建主题总结可以帮助研究者之后以表格的形式呈现案例综述，

以便就特定类目对比几个访谈。这样的综述包含了主题矩阵单元格内的案例总结，具体见表 4.3。

　　这里需注意的是，创建主题或话题导向的总结是分析过程中非常有效的一步，它需要对原始数据进行合成的分析性释义，它有助于研究者以"数据展示（data display）"这种方式呈现和比较结果，案例总结和比较（见下一章节）因为此分析阶段而得以实现，尤其在因篇幅问题无法使用原语引文和片段来创建这样的综述时非常有价值。合成的抽象的综述更有说服力，更具分析力。综上所述，该方法具有如下的优点：

· 不是临时而是系统化的，所有的案例和编码单位都以同样方式进行。

· 总结以原始陈述为基础，实际上是扎根于实证数据中的。

· 分析的范围广泛，一切与话题相关的数据都要分析。

· 分析是灵活的、动态的，研究者可以在分析过程中的任何时候进行添加、拓展或编辑。

· 分析过程需要准确详细地记录下来，便于其他研究者理解是什么原始话语导致这样的总结。

· 主题总结为随后的分析形式做好铺垫，比如，详尽的个人诠释（即"案内分析（within-case analysis）"），或案例之间的分析（即"案际分析（between-case analysis）"）（详见下一章节）。

· 如果使用 QDA 软件来分析，在总结与原始数据之间的主题结构中会确立各种链接，这有助于迅速查找总结与原始数据。

基于类目的分析与结果呈现

　　二次编码或案例总结和话题总结创建之后，是分析与结果呈现，是分析过程的第七阶段。质性文本主题分析的重点自然是主话题和次话题，有 7 种分析方法，按顺时针方向呈现在图 4.2 中。

图 4.2　质性主题分析中 7 种分析与结果呈现法

1）基于类目的主类目分析

　　每个主要的主题类目的初始结果（在概况矩阵的纵栏中）必须在研究报告的第一部分呈现出来。要自问，对于该话题受访者说了什么？省略了什么？简单地提及了什么？在此分析过程的描述阶段，类目必须合理地排序以便于读者理解，不要仅仅按照类目系统中出现的先后顺序或按照字母顺序表来排列。

　　如果有子类目，比如上述的主类目"全球最严重问题""保护气候的个体行为"存在子类目，那么也要呈现出来。来自研究的重要而有趣的数字必须也包括在内。对读者来说，重要的是了解究竟是"39人中有 3 位"还是"39 人中有 29 位"受访者认为当今全球一个最严重问题就是"环境和气候问题"。报告不是简单地呈现访谈中话题和次话题出现的频率，相反，要以质性分析的方式呈现出内容，呈现研究团队的设想和诠释。比如，不仅需要知道 9 位受访者认为当今全球最严重问题是"经济和金融问题"，更重要的是，要知道受访者提到的经济问题是什么以及采用什么词来描述这些问题。在我们的研究范例中，经济和金融问题人们只是很宽泛地提及，受访者提到过"金融危机"或"经济体制"。研究报告中要引用原型实例，这可在阅读与子类目相关的所有文本段并根据其内容加以排列之后进行。

2）主类目中的子类目之间的关联性

　　主题类目与子类目的关联性可以两种方式加以分析和描述：在主类目内部或在主类目之间。在主类目内部进行分析能获悉子类目之间的关联性，比如，根据受访者最常提到的全球问题及很少提到的和根本没有提到过的问题，来制定子类目。要研究受访者是如何回答的，是否在回答中提到其他子类目，比如，他们在谈论"社会不公正"问题时有没有提到贫困或其他话题？要考虑能否从他们的回答里识别出一定的模式或集群。

3）主类目之间的关联性

对主类目之间的关联性进行分析可大可小，可多可少。可以是比较两个类目，比如受访者最常提到的全球问题和受访者的责任感之间的关系，也可将分析拓展到对多个类目的复杂关系进行全面分析。

4）质性和量化交叉表

交叉表用于研究诸如社会人口统计和已编码主题陈述等属性之间的相关性。比如，可以用来比较男性和女性表述责任感的方式，用于比较受访者的受教育程度或收入。交叉表系统化地呈现的是质性文字数据。当然，交叉表中也可出现数字和百分比，表明特定受访者提及某类目或子类目的频率。比如，通过此表，研究者可以发现某组受访者提及子类目"全球最严重问题"的频率。

5）图示与视觉化展示

可以使用图表来获得对子类目的概览，例如，可以在图表中列出受访者提到的所有保护环境行为，如果想了解这些行为的具体数值和分布，可使用条形图或饼形图，思维导图也可用于呈现受访者阐释自己不改变行为的原因。图表甚至还可以用于比较个体或群体之间的差异。

6）案例综述

案例综述通常也很有用，它根据与研究问题特别相关的特征来对所选的一组案例进行对比。Huberman 和 Miles（1995：172-206），Schmidt（2010：481-482），Hopf 和 Schmidt（1993：16）以及 Kuckartz 等人（2008：52-53）都对如何创建案例综述进行了指导性阐释。案例综述非常类似于主题矩阵，只是它只包括所选的话题或类目。

案例综述是分析的最佳前提，Hopf 等人（1995：30）和 Schmidt（2010）提议：

> 准备案例综述，这是案例分析的初始步骤，至关重要，有助于根据所选的案例进行对比分析，有助于（根据理论性抽样原则）决定选择什么案例来进一步分析，也有助于预防歪曲真相的或理论上应当被验证的但实际是推断出的总结，促进对结果进行有原则的、有控制的全面诠释。案例综述能推进研究者根据不同案例检验自己的假设。（Hopf & Schmidt，1993：15）

案例综述的行数可根据实际分析需求而定，比如可以将有相似特征的个体紧挨着列在表格中。呈现数值和频率可显示出数据更多的信息，比如某现象或一组现象是否频繁出现？它们是否该视为独特案例？需要注意的是，这里的数值根本不同于代表性样本研究中的统计检验数字，后者的目的是确认标准化的普遍陈述。关于关联性的科学知识不需要代表性样本。否则，大量的医药研究就会没有意义。

7）对所选案例进行深度诠释

用电子数据表来管理案例综述是案例研究良好的开端或背景，通过这样的表格，研究者知道个体与他人之间的区别，知道他们各自的范围。很显眼的个体也可包括在研究报告中，对其进行深度诠释（Schmidt，2010）。要深度诠释，就需要再度仔细阅读文本，集中关注一个话题或问题：

> 最后，形成关于该案例的回答，这可以是详细或精确的描述，关于关联性的情境例证，也可以是理论性结论，这取决于研究的问题。深度诠释可以用于证明现有的假设或设想，形成新的理论性结论，或质疑、拓展或修改理论框架。具体采用什么方法取决于对问题的诠释以及研究者所采用的诸如阐释学或心理分析学的传统。（Schmidt，2010：482-483）

不同于在上文所叙的总结表和诠释，对案例的深度诠释没有严格的规则，研究者可以自由选择阐释学或是心理分析学等诠释模式。

得出结论

每个研究报告的结果都要回归到最初的研究问题上。要自问：该研究充分地解答研究问题了吗？各种假设和设想都得以证实或证伪了吗？现有数据无法解答什么问题？整个研究存在什么缺陷？该研究引出了什么问题？在研究过程中出现了什么新的问题或事件？

记录分析

整个分析过程必须记录在研究报告中，因而研究者必须详细地阐释分析过程的每个步骤，解释类目建构的过程，描述类目和子类目依赖数据的程度，读者需要了解类目系统，如果该系统过于庞大无法直接出现在报告中，必须以附录形式出现，编码规则和原型范例也必须以附录形式出现，甚至也可以是 CD 光盘的形式。编码规则的实例以及一些类目的原型范例也可出现在方法论章节，用以说明所采用的研究方法。

4.4 质性文本评估分析

特征描述

质性文本评估分析是质性文本系统化分析的另一种基本方法，出现在许多经验研究中，方法论文献中也有很详细的说明。Mayring 在其专著《论质性内容分析》中详细地描述了这一一方法（Mayring，2010：101-109）。主题分析侧重识别、组织与分析主话题和次话题以及这些话题之间的关联性，评估分析则是对内容进行考察、分类和评估。研究者或编码者评定数据，建构类目，类目的特征往往标记为数字或级别。Mayring 在一项名为"教师的失业现状"的研究项目中详细地作了该方法的示范。在该范例中，Marying 用评估性类目"自信"

来评定每位受访者，具体特征有"高度自信""一般自信"和"不自信"（Mayring，2010：105-107）。

一些情况下，定类尺度（nominal scale）或定距尺度（interval scale）可用于文本的评估分析中，评估分析没有严格要求用定序尺度（ordinal scale）或级别（level）来界定特征。在评估性编码之后，使用类目来研究关于相关性的设想，检验先前对数据的假设，可以采用交叉表的方法。在评估分析中，编码者采用何种语言以及自身诠释的能力至关重要，甚至要比在质性主题分析中更为重要。1940 年代 Osgood 的内容分析模式[1]在某种程度上是质性文本评估分析的前身，不过，在实践中，这是非常规范而复杂的方法，Osgood 称其为"评估语分析（Evaluative Assertion Analysis）"，它截然不同于当今研究者所实践的质性评估分析。

Mayring 提出的定级排列分析法也彰显了量化分析倾向，因为它严格地将文本转换为数字，最终进行统计分析。相反，Hopf 和 Schmidt 则重视对文本的详细诠释，而不关注统计分析（Schmidt，2010）。

过　程

正常情况下，质性文本评估分析和质性文本主题分析的步骤是一致的，具体如下：

1. 阅读文本
2. 建构类目
3. 编码
4. 分析
5. 呈现结果

---

[1]　关于该模式更多信息请见 Krippendorff（2004：177-178）和 Merten（1995：193-199）。

在主题分析中，类目通过话题和子话题的方式得以建构，影响着随后的分析阶段。质性评估分析则不同，可见图 4.3，这是一个评估类目的典型评估分析过程，在分析多个类目时，每个类目都从第 2 阶段进展到第 5 阶段。

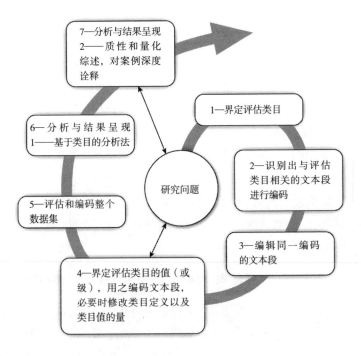

图 4.3　七阶段的质性文本评估分析过程

详细描述

以下是评估分析的每个阶段。

阶段 1：界定评估类目

第一阶段的分析是为评估分析界定好每个类目。这些类目来自何处？为何想去评估或定级这些类目而不是简单地将其归为主题类目？建构类目的一般方法详见第 3 章。无论什么情况下，类目或各种类型的类目肯定与研究问题密切相关。比如,在形成研究问题、收集数据时,某个类目可能已经起了很大的作用。就以我们的研究范例中类目"责任感"为例,可以想象,研究者在研究个体与社会对全球气候变化的看法时,经常会发现人们提到"责任"或"责任感"。不涉及个体或社会责任根本无法进行此话题的讨论。因而,不要假装这个类目是在分析数据时首次出现的。这样的类目在数据中得以佐证,但不是在此研究中发现或建构的。当然,研究者可能会在分析过程中发现其他合适的类目,这些应该视作新发现。

要判断类目"责任感"是否应该作为一个评估类目,要考虑到人们事实上相信个人责任感的表达是一个重要的影响因素,值得在研究中和诸如"保护环境的个体行为"等其他主题类目相提并论。

由于创建和编码评估类目既费时也费力,要充分考虑清楚是否需要对某类目进行评估性编码。要确保数据有助于对所有受访者都进行这样的评估,当然特例除外。只选择与研究问题至关重要的类目来进行评估性编码。

阶段 2:识别出与评估类目相关的文本段进行编码

在此阶段对整个数据集进行评估。与诸如"受访者的责任感"类目相关的任何文本段都必须加以编码。如何决定编码的文本段规模,可参看质性主题分析(详见4.3)。如果类目已经按照主题进行了编码,可利用原有编码,节省研究时间,省略这第二步的评估编码过程。一个评估类目可包括多个主题类目。

阶段 3:编辑同一编码的文本段

如同在主题分析中那样,此阶段也是基于类目的分析。案例中所有属于同一类目的文本段都要加以编辑,即,来自同一个受访者的所有与主题相关的文本段都要编辑到一个表格或列表中,作为分析的基础,接下来是分析的两个主要阶段。

阶段 4：界定评估类目的值（或级），用之编码文本段，必要时修改类
目定义以及类目值的量

为了决定类目的特征，需要阅读足够数量的文本段，以便决定如何详细地区分类目。最起码，要区分三个特征：

· 类目的高特性（高级）。
· 类目的不典型性（低级）。
· 难以分类，即无法在现有信息基础上根据受访者的特征加以分类。

第三个特征"难以分类"在质性文本评估分析中往往是必需的，因为数据样本中每个受访者关于所有主题的信息通常是不充分的。

在此分析阶段，要决定对受访者的整个文本还是对每个文本段分别进行评估。最终，质性文本评估分析的目的通常是评估受访者的整个文本。如果文本段数量不多，最好就评估整个文本。

第 4 和第 5 阶段属于同一个过程，需要经过几个循环的重复和精炼，因为这些类目特征需要界定好后运用到一定的数据中，检验其可操作性和实用性。必要时，修改定义，修改不同特征之间的区别。究竟需要多少数据来决定和检验特征，很难给出高效的硬性规则。如果案例数即受访者人数超过 100，选择 10%~20% 应该足够。当然，注意不要系统化地选择受访者或一群受访者，如不要只选择女性，不要选择属于特定社会人口统计特征群体的受访者。

如果样本由截然不同的群体组成，比如 15—25 岁和 45—55 岁年龄段的人，那么就利用代表性选择法（representative selection）从各群体中选出 5 位来分析，其他情况下，最好使用随机选择。

研究范例中的评估类目建构

我们的研究范例"对气候变化的看法"中，一个主要的研究问题是，个体的责任感在多大程度上影响了他／她保护环境的行为以及对他人行为的评估。类目"责任感"被选用于评估分析中。值得注意的是，这里的个体责任感指个体愿意在不久的未来承担责任，而不是法律意义上的责任。

我们建构了几个界定特征的变量，并加以了检验。表4.6、表4.7中分别呈现的是其中的两个变量，各自再分别细分为3个和5个特征。[1]

表 4.6　类目"责任感"的定义与3个特征

特　征	定　义	编码者的注意事项
A1：存在责任感	主观上认为要对全球气候变化相关问题负责。	多数话语都表达责任感；使用第一人称。
A2：没有责任感	主观上不认为要对全球气候变化相关问题负责。	话语几乎没有或根本没有表达责任感；使用你、人们等非第一人称、虚拟语气。
A3：无法界定责任感	提到"责任"这个话题，但个人态度不明朗或没有表达。	根据文本段无法判断个体的责任感。

界定评估类目的第一种方式是二分法，大体上将特征分为"存在责任感"和"没有责任感"。第三类特征归属于模糊或无法分类的案例或受访者。只用这三个特征的最简变量的好处在于，只需要做一个区分即可，这样可以精确地定义，并找出合适的原型范例。但是，这种定义的不利之处在于，对数据缺乏更细微的评定，这会限制随后的各个分析阶段。与之相反，5个特征的定义则能生成更为详细的评估（见表4.7）。

---

[1] 两个表格都只选用几个引语作实例。

表 4.7　类目"责任感"的定义与 5 个特征

特　征	定　义	原型实例	编码者的注意事项
高度责任感	主观上认为要对全球气候变化相关问题负责。	无实例	所有话语都表达责任感； 使用第一人称。
中度责任感	主观上部分或不同程度地认为要对全球气候变化相关问题负责。	无实例	许多但不是全部话语表达责任感。
轻度责任感	主观上不太认为要对全球气候变化相关问题负责。	"我只认为有一点责任，因为我没孩子，没计划（……）我敢肯定，如果我有了孩子，我会有不同的想法，但是，我想人类存在与否和大自然一点关系也没有……"	多数的话语表达极少的责任感。 使用你、人们等非第一人称、虚拟语气。
没有责任感	主观上不认为要对全球气候变化相关问题负责。	"不，我个人不这么想。"	整个片段几乎或根本没有表达责任感。
无法界定责任感	提到此话题时个人态度不明朗。	"……想到这个问题吧，是的，如果我就过我自己的生活，我知道责任是有的，但我真的不觉得它直接……"	模糊或自相矛盾的话语。

　　在检验这些特征在数据中的应用时，很明显，"高度责任感"根本没有相应的文本段，因为编码的规则过于严格，第四个特征"没有责任感"也没有相应的文本，因为只有当受访者明确表明感觉没有责任感时才可以对其加以编码。

　　鉴于访谈对象相对较少，只有 30 个，我们决定从实用角度仅区别 3 个特征，再加上一个因信息不充分因素导致的"无法界定责任感"。

对这些特征的界定和原型实例，见表4.8。[1]

表 4.8 类目"责任感"的定义与 4 个特征

特征	定义	原型实例	编码者的注意事项
A1 高度责任感	主观上认为要对全球气候变化相关问题负责。 • 个人明确提到："我觉得有责任"，并反映在他/她的参与行动上。 • 提到行为：认为要参与改善全球气候变化的相关问题（没有使用虚拟语气）。 • 提出具体行动和行为，不局限于小规模的行动，如在街头捡垃圾、捡香烟头等。	"绝对的。21世纪的问题，那是大概念、大事，我肯定有责任。首先，我要对自己的直接环境负责，因为这是我采取行动的地方。如果我觉得应该对21世纪以来逐渐增多的洪涝灾害负责，我也不知道如何开始，怎么去做。但是当我看到土地被污染时，我认为绝对有责任去阻止它。买东西，我就到保护土地资源的人那里购买食物。"	该定义的三个方面必须都要达到高标准。必须能识别出说话者是指自己（标识：使用第一人称"我"而不用"人们"；不用被动结构）
A2 中度责任感	主观上部分或不同程度地认为要对全球气候变化相关问题负责。理论上认识到承担责任的需求，有时认为要负责也采取了相应的行动，有时却不认为要负责。责任常被转嫁到诸如政客等他人身上。	"是的，正如我说过的，想到这个问题吧，是的，如果我就过我自己的生活，我知道责任是有的，但我真的不觉得它与一定的行为有着直接关系……" "我想我们作为公民做的肯定比不上政客、政府或欧盟等，他们更有责任。他们了解更深，能采取更多行动解决这些问题。"	如果指涉的行为不清楚要加入上下文情境。

[1] 该表格和上述表格都只选择了几个引言作为实例，因为篇幅原因，原型实例的信息来源均省略。

续表

特征	定　义	原型实例	编码者的注意事项
A3 低度责任感	主观上不太或根本不认为要对全球气候变化相关问题负责。只在一定程度上认识到问题的存在，使用的语言非常有辩护性，基本没有行动意识，经常认为自己不可能采取太多行动帮助解决这些问题。	"我只认为有一点责任，因为我没孩子，没计划（……）我敢肯定，如果我有了孩子，我会有不同的想法，但是，我想人类存在与否和大自然一点关系也没有……" "不，我不认为该承担责任。我不接受。这是（……）我的意思是，我没有内在动力去更多地参与，尤其是环境问题。" "不，我个人不承担责任。我要说，我过得很舒适，我真的不知道气候恶劣变化是不是我们造成的。"	注意虚拟语气的使用以及对第一人称"我"的规避。
A4 无法界定责任感	个人态度不明朗，或自相矛盾，无法用高度、中度和低度来定级。	……	必要时需加入上下文情境。

阶段 5：评估和编码整个数据集

该阶段是对整个数据集进行最终的基于类目的分析和评估性编码。在我们的研究范例中，我们评估每个受访者的责任感，贴上特征标记记录在数据集中。

要给案例总结特征，关键看他/她为什么只具有这个特征而不是其他。使用备忘录很容易做到这一点，你能给具体的文本段添加特征标记。和前面一样，此分析阶段不只是机械地编码，相反，编码者必须时刻警觉，寻找特别相关的文本段或实例来丰富研究报告。人们往往会发现，使用实例来说明时，特征的定义就更为精确，阐释也更为清晰。任何不能确定的案例都必须在整个研究团队中加以讨论。

阶段 6 和阶段 7 是文本评估分析，见下一章节。

分析与结果呈现类型

和质性主题分析中的准备和呈现结果相似，在质性文本评估分析中，从基础分析类型转到更为复杂的类型是有利的。图 4.6 顺时针展示 7 种分析法，表明可选的分析类型，其中前两类主要属于描述性分析（descriptive analysis），侧重单个类目，这将在分析过程中的第 6 阶段完成。

阶段 6：分析与结果呈现 1——基于类目的分析法

描述性分析：评估类目的文字呈现及其特征。

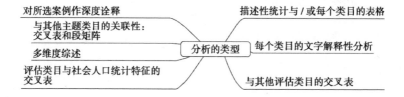

图 4.4　质性文本评估分析中 7 种分析与结果呈现方式

研究报告一般以简洁的、描述性的方式开始呈现评估类目，分析过程必须在开始呈现结果时就做记录。要呈现所创建的类目以及相关联的理论，记录下建构类目的过程。

下面的这份报告节选描述了类目、选定的特征以及具体内容。在

我们的研究范例中，这意味着要利用范例来陈述三个级别的责任感
（见表 4.8）。

单一类目中的描述性分析

每个评估类目的结果可以两种方式出现：

1）统计表

· 评估类目的特征出现的频率，以绝对频率（absolute frequency）和
百分比形式出现，即多少人分别显示出高度、中度和低度责任感。

· 以诸如饼形图、条形图等图形的方式呈现特征的出现频率。

· 综述表，所有受访者都在纵栏中列出，每个人对应着一个特征。

2）文字诠释

· 呈现话语内容, 说话的方式以及使用的论点（ 比如关于责任的话题 ）;
根据特征进行选择。

· 呈现一般和不寻常的话语，后者常出现在最低级特征（marginal
characteristic）中，比如，完全无视气候变化的人归属于群体“几乎
或完全没有责任感”。

阶段 7：分析与结果呈现 2——质性和量化综述，对案例深度诠释

描述性地呈现评估类目之后有各种分析法，如双变量和多变量相
关性分析（correlation analysis）、总结表和对案例深度诠释等。

a. 和其他评估类目的交叉表

传统的交叉表，如统计分析研究中所使用的，可用于研究与其他
评估类目之间的相关性，如何罗列两个评估类目请见表 4.9。

表 4.9　两个评估类目的交叉表

保护环境的个体行为	责任感			总计
	高度	中度	低度	
有	个体行为积极并有高度责任感的人数	个体行为积极并有中度责任感的人数	个体行为积极并有低度责任感的人数	个体行为积极的总人数
没有	个体行为消极并有高度责任感的人数	个体行为消极并有中度责任感的人数	个体行为消极并有低度责任感的人数	个体行为消极的总人数
总计	有高度责任感的总人数	有中度责任感的总人数	有低度责任感的总人数	

　　该表格的单元格使用的是绝对频率，即受访者的人数和百分比。表格中呈现的是可评估的描述性信息，即便只有几个案例也可以。如果案例太多，每个单元格包含足够多的案例，可以计算统计系数（卡方计算）以及关联程度。

　　b. 评估类目与社会人口统计特征的交叉表

　　评估类目与社会人口统计变量之间的关联性可用同样的方式呈现在交叉表中，社会人口统计变量只作为二次评估类目。交叉表可用于回答以下问题：人们的责任感是否存在性别差异？个体的教育背景、社会地位或其他社会特征影响自身的责任感吗？

表 4.10　交叉表：评估类目与社会人口统计变量

责任感	性别		总计
	男性	女性	
高度	有高度责任感的男性人数	有高度责任感的女性人数	有高度责任感的总人数
中度	有中度责任感的男性人数	有中度责任感的女性人数	有中度责任感的总人数
低度	有低度责任感的男性人数	有低度责任感的女性人数	有低度责任感的总人数
总计	男性总人数	女性总人数	

这些问题可以用统计表和统计方法来回答，相关性呈现在交叉表中。表 4.10 呈现的就是责任感和性别的相关性。如果涉及的案例太多，需要计算统计系数和参数值。

c. 综述表：多个类目与社会人口统计特征之间的多维关系

通过类目和社会人口统计变量将受访者的回答组织在综述表中，可一眼就识别出一群特征。这样的表格是识别模式的基础，帮助研究者对所选问题有个总体认识。下文的案例综述中，每行展示的是受访者相关信息：是否认为大自然环境问题是当今全球最严重问题（主题子类目）、属于哪个年龄段（社会人口统计变量）、对所具有的责任感的定级（评估类目）、个体行为特征（主题类目），最后一个直接引自访谈中的原对话。

表 4.11 综述表

案　例	最严重 WP：大自然环境问题	年龄段	责任感	个人行为的陈述
受访者 1	不是	15—25 岁	低度	"我基本上是知道的。（……）我不认为我不做……会产生多大变化……"
受访者 2	是的	46—65 岁	低度	"我想这样过余生应该没问题。（……）我认为，人类存在与否与大自然一点关系都没有……"
受访者 3	是的	15—25 岁	高度	具有环境保护意识，不过，"有时候是忙着挣钱"。
受访者 4	不是	15—25 岁	低度	少扔垃圾（即垃圾回收），驾驶节油型汽车。

d. 与其他主题类目的关联性：交叉表和段矩阵

矩阵也可用来呈现评估类目和主题类目之间的关联性，和交叉表相似。如上述两例，可呈现数值关系，前提是先编码某主题类目或子类目。例如，先创建表格来显示受访者目前是否将大自然环境问题看作全球最严重问题，在此基础上，再创建二分交叉表，包含两个纵栏，比如"责任感"和"性别"，见表 4.10。

当然也可创建更为详细的矩阵，即段矩阵，见表 4.12。其目的不是以数值形式聚合所有可能的关联性，相反，去分析被主题类目编码的原始文本段。

该矩阵可以记录设想，指导开展后期的研究。比如，可以自问：在承担责任和受访者未来计划（如有个湖边别墅等）之间是否有关联？所有以自我为中心不计划结婚生子的人责任感都低吗？

表 4.12　段矩阵

	责任感		
	高度	中度	低度
食品 / 饮食	高度责任感的人关于饮食习惯的文本段	中度责任感的人关于饮食习惯的文本段	低度责任感的人关于饮食习惯的文本段
交通	高度责任感的人关于交通方式的文本段	中度责任感的人关于交通方式的文本段	低度责任感的人关于交通方式的文本段

e. 对所选案例作深度诠释

如在主题分析中那样，对所选案例进行深度诠释是评估分析中的末期工作，见第 4.2 节。经过前面的数据总结和合并之后，可以再度回到案例上。一方面，诠释这些话语、意义，探究其独特性，另一方面，将案例当作"……个案"范例来分析其规律（Schmidt，2008）。

评估分析与主题分析的对比

比较而言，文本评估分析比主题分析更具有阐释-诠释性，评估是以案例为基础的，一般将案例作为整体来分析，而不分析单个文本段，因而，此类的分析更全面。诚然，在编码前也可以对每个已编码文本段进行评估和编码，以获取更多信息，然后再融入整体分析之中，给予整体定级。不过，在实践中这样做是否更为有效是个问题，因为研究者常喜欢（或一定会）考虑情境因素以正确评估文本段。从阐释学角度，分析整个文本还是只关注直接来自相关文本段的话语，孰好孰坏难以判断。不过，将情境纳入分析中，可以评估某类目相关的整个文本。

与主题分析相比，质性文本评估分析中的分类与评估对编码者要求更高，缺乏研究领域的专业知识，很难想象编码者们会达成一致观点。编码者必须了解自己在做什么，要有能力用数据证实自己编码的正确性。评估分析阶段最好至少有两名编码者独立编码，当然，有时研究者必须独立完成，如撰写硕士或博士论文，不过，有另一个人给予辅助或复查编码是非常有益的事。

一般而言，评估分析中的类目（和子类目）比主题分析中的范围更广，评估分析更适合理论性研究，这不意味着研究者必须具备与研究问题相关的扎实的理论知识，努力研究显性的假设，其实在开始研究的过程中研究者会获得更多的关于假设和理论的洞见。总而言之，质性文本评估分析尤其适合理论性研究，不太适合描述性研究。

当然，也可以将质性文本评估分析和主题分析结合起来，只为特别显著的主题或话题界定评估类目。一些情况下，评估类目可以建构在主题编码上，充分利用对文本已做的分析。质性文本评估分析法明确地表明，质性研究不仅仅适用于阐释性研究。人们常说，质性研究可用于生成理论，而不是检验理论。这种说法描述了质性研究的主流现象，但是也有特例。Hopf 等人（1995）提出，在社会研究中有预设答案的标准化问卷调查通常是不合适的，不能表现研究问题的复杂性。因而，在检验理论的研究中，让受访者用自己的话语来回答是有价值的，尽管回答会有细微的差异，研究团队要分析它们，重构一个或多个评估类目的等级。这样获取的有效信息和数据要远多于标准化测试和工具所提供的信息和数据。

在质性评估分析中，研究者可以采用案例深度诠释法，以案例为中心。此外，交叉表也呈现了数据的概览，既有主题类目也有评估类目，不过，这种交叉表不同于建立在大量代表性研究基础上的交叉表。

下一节简述质性文本类型建构分析，研究视角从先前的主题分析或评估分析转到类型的建构上。

4.5 文本类型建构分析

许多质性方法论学者指出，质性数据分析的主要目的是建构类型 types，创建一种类型模式（a typology）（Creswell & Plano Clark，2011：212-214；Kluge，2000；Lamnek，2005：230-241；Schmidt，2000）[1]。使用质性文本分析可以有条理地分析和建构类型，这样的分析过程比主题或评估分析更为复杂，更需要有条理性。下面首先描述该分析法的方法论基础。

类型建构的真正核心是寻找多维模式和模型，帮助研究者理解复杂的主题或相关领域。类型建构分析通常建构在前期主题或评估编码的基础上。

社会研究中的传统类型建构

建构类型的方法运用在许多质性研究中[2]，在社会研究方法文献中有无数的学者探讨如何使用系统化的经验研究法建构类型来分析质性数据。

––––––––––––

[1] Lamnek 教科书《论质性社会研究》（*Qualitative Social Research*）中术语"type（类型）"及其派生词（如 type-building［类型建构］、typology［类型模式］、typification［类型化］）等词条远多于其他任何词语，关于类型模式的更多介见见 Kelle & Kluge（2010）和 Kluge（1999）。

[2] 建构类型的方法通常出现在生物学研究、青年研究、生活方式研究以及诸如公共卫生和环境意识、环境态度等跨学科研究领域。

建构类型模式，从类型角度去思考早已成为 1930 年代古典社会心理学研究的重点。人们最为熟悉的是奥地利市政当局的一项实地考察项目"Marienthal 村：一个失业社群的社会志"（Marienthal：The Sociography of an Unemployed Community）。[1] 该研究使用了各种方法来收集数据，具体包括观察、访谈、时间表等（Jahoda，Lazarsfeld & Zeisel，2002），对参与研究的 100 个家庭进行了详细的描述。该研究分析了许多因素，这成了描述样本家庭的指南。

· 家庭（家庭构成、年龄、收入、财产情况）。

· 家庭访视报告（对住所、房屋布置、各自情况、对孩子的印象等进行描述）。

· 丈夫生活史（出生年月、受教育程度、职业、职位、政治面貌、爱好）。

· 妻子生活史（出生年月、受教育程度、职业）。

· 访谈（态度、基本定位、政治观点、未来观）。

· 观察（家庭个体成员的行为、日常生活／结构、去餐馆的行为、参与的活动）。

根据上述标准不断地比较案例，研究者发现了四种应付失业以及由此产生的贫困的心态（Jahoda et al，2002：64-82）。

· 不屈服型：继续过着日常的生活，处理家务，寻找新工作，积极乐观。

· 放弃型：继续过着日常生活，处理家务，但尽可能地少做，不再制订未来计划。

· 失望型：丧失希望，开始退步，不去改变现状，不愿去找工作。

· 漠然型：丧失了照顾家庭和子女的能力，像是旁观者一样对待发生在自己身上的事情，不想改变现状。

[1] 这是 1930 年代初期维也纳大学经济心理学研究所（Research Unit for Economic Psychology）由 Paul Lazarsfeld 和 Marie Jahoda 主持的一项研究。

这四种心态完全建构在数据基础上，其典型特征界定也明确，如下文中对"放弃型"的描述节选：

> 促使我们将家庭分类为"放弃型"的词语有：没有计划，没有未来观，没有希望，在处理日常生活之外的任何事情上存在重大局限，如处理家务、照顾子女、保持健康心理等。（Jahoda, Lazarsfeld, & Zeisel, 1975：70）

回顾经验社会研究的历史和发展，我们不仅可以发现建构类型的实际运用，还能找到相关研究探究类型建构的方法论基础，如 Bailey（1973, 1994），Hempel & Oppenheim（1936），Kelle & Kluge（2010），Kluge（2000），Kuchartz（1991），Lazarsfeld（1972），Schutz（1972）和 Weber（1978）[1]。Schutz 研究了日常生活，总结道，"个体关于世界的日常知识是一个典型要素的系统"（Schuetz, 1972：8）。在他看来，来自经验的所有知识是以典型经验的形式组织的。我们不会认为周围的环境是由"超越时空分布的一大批互不相关的一次性物体"构成，相反，是由"山""树""动物"和"人类"构成（Schuetz, 1972：8）。类型常建构于人类学中，不过其基本目的是用心理学那种理解个体内心世界的方式去理解类型。在社会科学研究中，分析的目的只是去理解典型。Schutz 遵循了 Max Weber 的理论传统，后者曾说过，建构全面的类型是经验社会学研究的主要目的。作为分析手段的类型与阐释学方法论相联系，旨在运用社会科学统计来找到标准的内在关系和相关性，以理解案例。

类型建构法的特征

类型建构的一般定义为：各要素根据与所界定属性和特征的相似程度以类型即聚类的方式加以组合。每个类型中的要素通常就是社会研究中的人，应该尽可能地相似，不同类型则尽可能地不相似、异质化。

在经验研究中，类型建构是指将案例组合成模式或组群，完全

---

[1] 遗憾的是，多数的文献都不是英文的。

区别于周围其他的模式或组群。一个类型往往包含几个相似的案例，用于描述一个现象的所有类型总称为"类型模式"（typology），因而，一个类型模式往往包含几个类型以及彼此的关联性，它根据异同点而对各种类型加以了排列。

类型是案例比较的结果，不同于根据案例而归纳出来的结论，类型建构典型的目的是区分而不是形成普通理论。它建立于案例而不是变量或特征基础上，这些案例是根据相似性分析和组合的，可以是人，也可以是机构或组织，甚至小组辩论，后者的依据是典型的思维模式。

属性空间

界定"属性空间（attribute space）"是类型建构的基础。类型模式的基础是几个相关的特征或属性，这构成了 n 维属性空间（Bartor，以二维为例，竖栏为"环境行为"，横栏为"环境意识"，一定数量的特征，而这些度量的数值是数据点。这个类型模式中各个类型的一些因素具有相同属性和特征，即，这些个体有着相同特征，这种类型模式的简单实例是在两个二分属性（dichotomous attribute）基础上创建的四域表格（four-field table），见表 4.13，来自 Peter Preisendoerfer 的研究（1999：98）。

表 4.13　Preisendoerfer 关于环境意识与行为的简单类型模式

		环境行为	
		积　极	消　极
环境意识	高	类型 1：必然保护者	类型 2：环境辩护者
	低	类型 3：未表态的保护者	类型 4：环境无知者

利用这种图表可以很容易地创建许多类型，这些类型与表格中的单元格一致，表格 4.13 中有 4 个单元格，即四种类型。研究者现在就是要形成有意义的标签，如"必然保护者""环境辩护者"等。

相对复杂的四维属性空间可作为生活方式研究中的社会环境，如SINUS Institute[1]使用的原型环境中窥见一斑。在其中，一个家庭可以选择十种社会环境中的一个，不管采用何种方法，每种类型或显或隐地建立在属性空间这个概念基础上的。

类型建构形式

无论质性还是量化研究，建构经验类型过程分五个阶段：

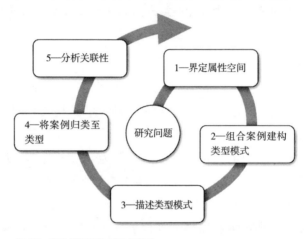

图 4.5　经验类型建构的五个阶段

阶段 1：界定属性空间

这是分析的第一阶段，研究者必须界定属性空间，以便建构类型。

阶段 2：组合案例建构类型模式

在此阶段创建类型模式，即将案例组合成类型（聚类）。通过对比类型模式的异同，找出最适合用于分析数据的那个类型模式。这是试验阶段，要检验和比较几个组合案例的方法。

---

[1]　SINUS 是一个独立的、私立的研究所，主要进行社会科学的研究和咨询。——译者注

阶段 3：描述类型模式

此阶段详细地描述所建构的类型模式和每个类型。

阶段 4：明确地将案例归类至所创建的类型

第 4 阶段从组合回归到每个要素上，案例（通常是受访者）最终被划分为各个类型。

阶段 5：分析关联性

在此最后阶段，根据其特征表述类型模式和其中的不同类型。分析各个类型与次变量之间的关联性。

在建构类型的第一阶段，需要决定哪些属性与设想的类型模式相关，判断从所收集的数据中可以获得什么信息。在上述的 Marienthal 村的心态研究案例中，用于描述各个家庭的所有属性都与类型模式相关联。类型建构时需要多少属性取决于类型模式的建构。创建类型模式有三个主要方法。

a. 根据同质属性建构类型（即单一特征类型）

如何建构类型见表 4.13。将一个受访者归类到一种类型，如类型 2 "环境辩护者"，只是因为该受访者的两个属性的级别都符合要求，具体而言，类型 2 由高级别的 "环境意识" 和消极的 "环境行为" 界定，所有属于此类型的受访者必须都有很高的环境意识和消极的环境行为。此类型模式中四个类型之间没有差异，内在是完全同质的。不过，此类同质属性类型模式的不利之处在于，研究者只能分析相对少量的属性和特征，因为哪怕只使用 3 个属性和 4 个特征，也会出现 $4 \times 4 \times 4 = 64$ 个同质属性类型之多。

b. 通过减少多样性来建构类型

使用 Lazarseld 提出的方法可将同质属性类型降低到可以管理的数量上，此方法很实用，具体见表 4.14。这里，父母受教育程度的所有可能组合都出现在 4×4 共计 16 个单元格的表格中。

这 16 个不同组合不仅难以掌握，在经验研究中如果要陈述教育背景如何影响十几岁的青少年的环境意识还是个棘手问题。

好的解决办法就是将这 16 个单元格的多样性降低到更好管理的类型数量，即，必须将属性组合加以排序，减少组合数量，这样父母受教育程度的类型模式就只有 5 种，见表 4.14。

表 4.14　通过减少多样性来建构类型[1]

母亲受教育程度	父亲受教育程度			
	无学历	普通中学	文理中学	大学
无学历	类型 5	类型 4	类型 3	类型 2
普通中学	类型 4	类型 4	类型 3	类型 2
文理中学	类型 3	类型 3	类型 3	类型 2
大学	类型 2	类型 2	类型 2	类型 1

这 5 种类型现总结如下：

- ·类型 1：父母双方都大学毕业
- ·类型 2：父母一方大学毕业
- ·类型 3：父母一方文理中学毕业
- ·类型 4：父母一方普通中学毕业
- ·类型 5：父母双方都无学历

类型 1 和类型 5 在属性上是相同的，表明此类型下的所有受访者的父母双方受教育程度相等。在类型 1 中，父母双方大学毕业，而类型 5 中父母双方都无学历。通过减少多样性创建的其他类型（类型 2，类型 3 和类型 4）显示出差异性，它们的受访者有着不同的属性，即其父母有着不同的受教育背景。比如，类型 3 可以具有 5 种不同的属性，其决定性因素是只有父母一方文理中学毕业，另一方则可能文理中学毕业、普通中学毕业或甚至无学历。

---

[1] 在德国，只有进入文理中学的学生才有机会接受高等教育。——译者注

c. 根据异质属性建构类型（即多元特征类型）

上述的前两种类型属于"虚拟类型"，不是在实证数据的基础上创建的，相反，是组合特征和属性的结果。在现实中，一些这样的组合甚至是不存在的，如"母亲大学毕业而父亲无文凭"。"自然类型"则直接来自实证数据，受访者是根据类型组合的，内在尽可能地同质化，外形却尽可能地异质化。这样的类型几乎都是多元特征的，属于一种类型的个体却因属性空间中的属性不同而千差万别，不过它们还是非常相似的。

自然类型模式可以使用统计演算根据系统化的知性结构（intellectual structure）加以排列。聚类分析法（cluster analysis method）非常适用于此（Kuchartz，2010a：227-246）。建构复杂的多元特征类型而无须统计演算，好的解决办法就是有条理地分析和组合案例总结，其五个步骤具体见表 4.15。

表 4.15　类型建构：从案例总结到类型模式

阶段	任　务
1	界定属性空间，根据这些属性为每个受访者创建案例总结
2	根据相似性选择、排列和组合案例总结
3	决定要建构的类型的合理数量
4	创造性地命名每个类型，一针见血地表达每个类型的特征
5	将每个受访者区分类型，根据他们与核心类型的相似性进行排序

在实际研究中，可以将每个案例总结记在卡片上，研究团队在公告栏中整理这些卡片（每张卡片代表着一位受访者），具体过程如下：

准备小组会议

（1）在研究团队中平均地分发案例总结。

（2）每位研究者必须仔细地研究拿到的案例，审核案例总结，必要时做修改，再将它记在卡片上。

团队合作

1. 团队合作决定类型模式的本质以及范围。

2. 每个研究者必须向团队的其他成员陈述自己的案例，根据它与已在公告栏中的其他案例的关联性或一致性程度将卡片贴在布告栏相应位置上。

3. 通过这种组合和重组卡片的方式，最终使得聚类清晰地浮现眼前。

4. 所有卡片都贴在布告栏后，团队集体讨论还存在的不确定因素，然后为每个聚类配上一个合适的标题和颜色。

这样建构、组合和排序类型是一个创造性活动，不会出现精确的标准化描述。这里有几个建议：通常要以团队形式进行这样的分类和类型化工作，用着重号在卡片上记录下案例总结，贴在公告栏中，整个团队为各种类型找寻有意义的标签。

过　程

质性文本类型建构分析在许多方面不同于主题分析和评估分析。它起始于对建构类型的目的和目标的思考。一项研究可以建构几个不同的类型模式。例如，一个表明原子能危害信息处理方式的类型模式，另一个则显示关于日本福岛原子弹爆炸事件相关的原子能危害的表述方式。原则上，属性空间是根据已确立的类目和变量来建构的，如果新的类目被创建成类型，那首先要进行编码。然后就可以使用上述的主题分析或评估分析。

图 4.6 展示了类型建构分析的详细过程，基本和上文中的社会科学类型建构过程一致。

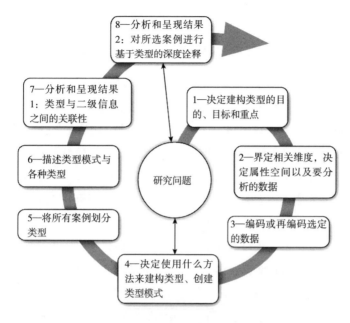

图 4.6　类型建构：质性分析过程

具体过程

阶段 1：决定建构类型的目的、目标和重点

建构类型的第一步是决定建构类型的目的究竟是什么，要决定类型模式的复杂度以及其中具体的分类。要度量一级、二级属性和特征对研究问题以及自己的研究兴趣有多重要，那些对建构类型至关重要且构成属性空间基础的是一级属性，其他受到类型模式影响或相关联的特征是二级属性。比如，要创建环境意识类型模式，研究个体环境行为的影响，行为的各个维度就不能包括在类型模式里，因为这会导致不断重复地分析行为对行为的影响。

类型模式可以相当复杂也可以很简单，换言之，为属性空间选择多少属性决定了类型模式的复杂度。比如类型模式"对待气候的心态"需要复杂的属性空间，而类型模式"保护环境的个体行为"则只是其中一部分,其他类型模式,如背景知识、态度、个体行为等也需要包括在内。

阶段 2:界定相关维度,决定属性空间以及要分析的数据

建构类型的第二步是决定哪些属性是从经验角度创建于数据基础上且与类型模式相关联的。选择相关的属性必须以研究的理论框架或研究问题为基础,在 Marienthal 项目的研究中,属性是根据其与心态类型模式的潜在关联性而选出的,几次家庭造访(对 Marienthal 村的)之后,研究者形成了对影响人们处理失业问题的各种因素的构思,挑选出了对心态类型至关重要的属性,具体包括处理家务、照顾子女、寻找新工作、积极的生活方式和未来观等。

属性空间的规模可取决于现存的主题或评估编码,或可使用关于受访者的社会人口统计或出生信息等现有的数据。最好只选择与足够多的受访者相关的属性。由于属性和特征将用于区分类型,因而,选择只适用于 40 位受访者中的 2 个人的属性显然是行不通的,因为这就意味着 40 位受访者中的另 38 位属性是一致的。属性空间需要一定可控数量的属性,这意味着研究者要创建一个单纯的(pure)类型模式或一个基于可缩减属性的类型模式。只有在研究者需要组合案例总结或者使用诸如聚类分析等自动分类法来创建多元特征类型模式时才适合使用大量的属性。

质性访谈的特征是,不是所有访谈都包括潜在相关的属性信息,尤其是结构化访谈。这种情况下,研究者可能无法高信度地将现有信息归类于类型中,所以最好选择相对简单的属性空间,只包含几个属性。例如,如果数据只包括了几个受访者处理事务的信息,选择这样的一个属性作为一级属性来建构类型模式,即便从理论上这是有意义的,却也是不合理的。一些情况下,如在现场研究中,可以提出更深入的问题以获取缺失的信息。

建构类型的这个第二阶段与第一阶段紧密结合,研究者必须再次研究数据来准确地判断是否存在预料中的信息以及该信息存在的形式。

因此,研究者必须判断自己是否可以依赖现存的主题或评估类

目，还是需要根据文本段来创建新的类目，对类目进行编码。

阶段 3：编码或再编码选定的数据

多数情况下，类型建构分析的前提是研究者先前实施的主题或评估编码。这样的类型建构分析是非常容易的，研究者可以在现有的主题或评估类目上进行。如果之前没有对数据进行分析，就必须根据主题和评估编码中所描述的过程和规则用选定的属性和特征对数据进行编码。

一些情况下，可在此分析过程中插入一个阶段。比如，设想文本已经根据主题加以编码，所有涉及家务处理的文本段都标记了恰当的类目，现在想进一步根据三个等级尺度来分类属性"处理家庭事务"：①正常处理家庭事务，②处理部分家庭事务，③疏忽了家庭事务。我们首先需要回顾每个案例，然后，在建构类型模式之前给案例标记上正确的值。

如果已经收集了受访者的社会人口统计属性，如出生信息、年龄、受教育程度、职业等，或许调查中就能利用这些属性和特征来创建各种类型。

阶段 4：决定使用什么方法来建构类型、创建类型模式

在开始实际组合和建构类型之前，必须考虑适合研究问题和数据的类型数量。首先，考虑是否在现场存在自然组群（natural group），然后考虑研究需要多少受访者，如果人数相对较多，像 Marienthal 研究就有超过 100 个家庭为研究对象，就得使用程度更大的分类 n，即更多的类型，而不能像只有 20 个受访者的研究样本那样。其他需要考虑的重要因素是研究的实际关联性，以及如何在学科圈内很好地交流研究中生成的类型模式。在建构类型和选择合适数量的类型时，一定要时刻记得研究的受众群：读者、评审者、研究报告接收者。当然，不必非要在建构类型模式之前先确定好合适的类型数量，可以也应该尝试两三个不同组群，比如有着 4、5 和 6 种类型的不同分类的类型

模式。在 Marienthal 研究中的心态类型就很不错，因为它所采用的四种类型之间的区别是明显、看似合理和可以理解的，如果研究者尝试区分 8 种甚至更多的类型，联合会和政府人员（即该研究的主要接收者），可能在理解研究结果时感觉更费力。相反，在生活方式研究中如果只包括四种社会环境，人们就会认为过于简单，因为现有的生活方式研究，如 Sinus 研究，就包括了 10 种甚至以上的不同类型。[1]

要决定如何建构类型，必须考虑样本的规模以及预想中的属性空间维度：

· 单一同质属性类型可以通过两三个属性和相对少量的特征来建构。
· 减缩式建构类型更为灵活，可以包括更多属性和特征。
· 多元类型建构则需要整合无数的特征来界定一个真正的多维属性空间。

除了同质属性类型模式完全可以自我阐释外，其他两种类型模式需要根据类型在属性空间的位置来描述，要通过缩减来创建的类型模式，通常需要的就是创建组合好的属性清单，正如上文父母受教育程度的类型范例中的那样。诚然，要描述复杂的多元类型模式则相对较为困难。

阶段 5：将所有案例划分类型

建构类型模式不可或缺的一步是将受访者划分到所定的类型中，划分必须明确，一个受访者不能同时分属两个或以上类型，如在 Marienthal 研究中，将一个家庭同时归类于"漠然型"和"不屈服型"两种心态是行不通的。

因此，在先前的分析过程中已经比较了不同的类型模式，决定好最适合现有数据的类型模式，此刻需要再次分析案例，决定每个案例归属于哪个聚类（即类型）。

---

[1] Sinus-Milieus 最后的一版在 2011 年形成，区别了十对重要的聚类（环境）。

阶段 6：描述类型模式与各种类型

此阶段重点在于描述各种类型，一般而言，要将各种类型以一定顺序排列，根据创建类型时所用的属性来描述类型，在 Marienthal 研究中，四种心态类型就是如此清晰、详细地呈现的。研究者可以从数据中摘选出非常有意义的典型话语，综述表则可以提高呈现的清晰性。

阶段 7：分析和呈现结果 1——类型与二级信息之间的关联性

受访者归属的类型与其他主题、类目或属性之间的关系如何？该分析阶段需要对实证数据进行更为详细的分析。比如，可以通过表格展示按主题编码的各文本段来做比较。话题、态度、价值观等属于二级信息，在创建类型时没有包含在属性空间之中，不过，"二级"并不意味着不太重要。

阶段 8：分析和呈现结果 2——对所选案例进行基于类型的深度诠释

口号"回归文本"适用于文本类型建构分析中的最后阶段，其重点是对新建构的类型模式进行深度诠释。类型模式利于组织和诠释案例。综述展示的是案例、类型和属性的数值分布，本身不具阐释力，不全面。各种类型及其关系只有在回归案例、诠释案例时才具有意义，才突显重要性。

我们该用什么标准来选择案例进行深度分析？质性研究中不是任何案例都可以在研究报告中得以详细呈现的，我们必须精心选择一部分作详细的分析，现有如下两个策略：

第一，根据"每种类型一个原型案例"来创建代表性案例诠释，这种案例必须是该类型的典范，将其详细地呈现，如果使用了诸如聚类分析统计法等形式化方法（formal method），就会呈现每个受访者与组群中心的接近度，这是选择最佳案例进行深度分析的形式化标准。如果还没有使用过这样的形式化方法，就必须再分析作为建构类型模式基础的文本段，找出最合适的一个或几个案例来进行深度分析。计算机辅助分析技术如文本检索在此分析中就很有效。在 Marienthal

研究中，代表性案例诠释策略就是选择一个"不屈服型"类型的最典型受访者，呈现他/她相应的特征，并加以诠释。其他"放弃型""失望型"和"漠然型"三种类型也是如此过程：选择最典型代表详细地描述他们。结果是，这四个人作为典范让读者更深入地理解了所建构的类型模式。

第二，根据对多数合适文本段的概述或利用蒙太奇拼贴剪接手段建构一个角色案例来进行深入诠释。该方法不太关注案例，在许多方面类似于 Weber 的建构理想类型法。由于文本类型模式诠释已经决定了多元类型及其在属性空间中的位置，因而，它们不是理想类型，是实际类型，表征的是来自样本的真实个体受访者。通过回顾相关文本段，可以决定哪些案例适合某个类型，并将其加入概述中。

结果呈现

准备和呈现文本类型建构分析的结果，其重点是陈述建构类型的过程、建构的类型模式本身以及每个类型。更为具体的是，我们必须：

· 描述建构类型的目的和目标；
· 陈述属性空间以及数据的经验基础（即，使用了哪些类目，这些类目是如何创建的）；
· 陈述用于建构类型模式的各种方法；
· 描述类型模式，每个类型以及彼此的差异性；
· 添加每个类型在样本中出现的频率信息，以及自己对如何概括研究结果的设想等。

用二维坐标系来排列各种类型便于更好地理解一个类型模式，不过，如果类型模式不止两个维度，那么理解相对较为困难。下面的范例来自 Wenzler-Cremer 对年轻的印度尼西亚裔德国人的身份和人生计划开展的研究（2005：336）。类型模式使用的是坐标系，x 轴为"双文化资源的使用"，y 轴为"属于一种文化"（见图 4.7）。

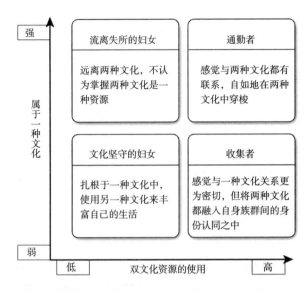

图 4.7　四种类型的二维图表征（Wenzler-Cremer，2005）

类型模式的建构是以后开展各种分析的基础，比如可以逆时针方向进行如图 4.8 中的各种分析：

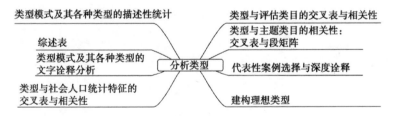

图 4.8　文本类型建构分析中的分析类型与结果呈现

描述性统计：这与类型模式及其各种类型相关，量化地描述它们，如类型的规模，每个类型的人数等。

综述表：以表格形式对比各种类型及其特征。表格的内容可以是质性的（即文字描述），也可以是量化的（即以数字和百分比的形式展示特征分布）。

类型模式及其各种类型的文字诠释分析：以文字形式描述不同的类型，比如，某类型的独特之处、核心差异是什么？

类型与社会人口统计特征的关联性：分析各种类型中出现何种性别、年龄、受教育程度和收入等的组合。这种社会人口统计特征通常是标准化的，尤其适合统计分析。

类型与评估类目的关联性：评估类目是一种分类，以特定的文本段为基础，因而可以进行质性和量化分析。可以根据创建的组群编辑文本段，进行简单或复杂的统计分析。

类型与主题类目的关联性：可以对比同一类型中不同受访者关于某主题类目的话语与其他类型中受访者的相应话语。可以使用交叉表、文字诠释分析等统计分析。

说到底，你可以对选定的个体进行深度诠释，这些个体应该是某一类型的典型代表。或者，也可以建构属于同一聚类中的个体的理想类型。

第 5 章

计算机辅助质性文本分析

本章概要

本章主要讨论在质性文本分析中如何使用计算机软件，尤其是 QDA 软件和转录软件。本章涉及的主要话题如下：

· 使用专业计算机软件转录声频、视频数据
· 匿名数据
· 准备数据以便进行计算机辅助分析，将数据输入 QDA 软件
· 使用计算机进行主题、评估和类型建构分析
· 使用 QDA 软件中的辅助分析选项，如超链接、备忘录等
· 将视频和音频文件同步转录
· 通过图表、表格、时间表、概念图等视觉化各种关联性与附属性
· 使用词频、文中关键词列表、基于程序库的自动编码等基于词语的属性

　　随着使用专门软件程序的计算机辅助分析的推广，质性社会研究在 1980 年代中期发生了变化（Weitzman & Miles，1995）。第一批软件有 Ethnograph，MAX，Nudist，Atlas.ti，Textbase Alpha 等，当初只局限于质性研究领域中少数几个先驱者在使用（参见 Gibbs，2009；Kelle，Prein，& Bird，1995；Kuckartz，2010c，Lewins & Silver，2007；Tesch，1992；Weitzman & Miles，1995）。现在情况彻底发生了改变，QDA 计算机程序已经完善，被相当标准化地运用在质性研究中。在过去的 20 年里，计算机辅助质性数据分析已经成为社会科学方法论发展中最具创造性的一个领域。QDA 软件程序不再局限在一种具体的分析方法，而是适用于多种类型的数据，可用在各种方法路向上（参见 Fielding & Lee，1998；

Kelle，2007a）。Creswell（2007：164-173）描述了 QDA 软件如何在传记式生活史、现象学、扎根理论、民族志和案例研究这五种研究传统中使用。

下文将详细介绍 QDA 软件的主要功能，侧重质性文本系统化分析。本章旨在综述分析的各种可能性，对 QDA 软件的选项和功能的详细描述请见 Kuchartz（2009）、Bazeley（2007）、Lewins & Silver（2007）和 Richards & Richards（1994）。

5.1 数据管理：转录、匿名、计划团队合作

任何质性文本分析的开始都会遇到如何组织和管理数据的问题。如何最佳地编排数据的格式？如何使用 QDA 软件来分析？如何组织、保存和储存文件及文件夹？如何在研究团队中组织和协调研究？

如果研究者和研究团队已经收集了数据，比如用录音设备记录的质性访谈，那么在开始分析之前要转录该数据。在社会学研究中，转录是相当复杂的。即便不需要十分精确，研究者团队也必须有一致的转录规则。

从数据收集到将数据输入计算机软件，共有以下 7 个步骤：

1. 制订一套转录规则，或选择一个现成的转录系统，要适合即将开展的研究。
2. 在计算机上转录文本或部分文本。
3. 校对、编辑转录文本并作必要的修改。
4. 转录文本的匿名处理。
5. 编排转录文本格式以便能最优化地利用 QDA 软件。
6. 将转录文本以 RFT 或 DOC/X 文件格式保存和存储。
7. 将这些文件输入 QDA 软件中。

　　前三个步骤只有在新数据收集后需要转录时才出现，如果数据已经转录，就直接进入第 4 步骤，做匿名处理并编辑格式，然后输入 QDA 软件中。

转录规则

　　在质性访谈、小组讨论、焦点组和其他相似形式的数据收集中，如果需要，应该使用录音设备而不是简单地记录在报告中来唤起记忆。使用录音的利与弊具体见表 5.1。

表 5.1　使用录音的利与弊

优　点	缺　点
准确	受访者会感觉不自在，什么都被记录会导致出现不确定性因素，访谈会失真
可以在研究报告中直接引用	受访者会更在意如何选词来表达而变得不太自然
直接性，不会因回顾性记忆而有所失真	录音会干扰彼此的互动
轻松的访谈环境，不需要做笔记，不需记下关键词	注意： 录音的潜在消极作用在受访者逐渐适应环境、适应录音设备时会降低
容易分析	
可以对访谈法以及访谈过程进行批判性反思	
更好地记录，更便于管理，在科学界声誉逐渐提高	

　　录音的优点是明显的，不过，如果研究涉及相当敏感的话题，需要非常保密的访谈环境，此时同步录音会起到干扰作用。要想精确地转录文本，也只能依靠录音或视频，这些音像是保证研究者在以后的分析阶段以及研究报告中可以直接引用的唯一途径。

　　录音最好使用数码录音设备，相对费用低，录音效果却很好，且可记录多个小时的访谈。录制的音频文件可从该设备转存计算机中，并加以转录。令人遗憾的是，Dragon Naturally Speaking 这类听写软件程序还不能准确地自动转录访谈，这些软件如果输入一个人的声音，转录效果相当不错，但要使用这样的软件来转录访谈，访谈者必须再次口述受访者的所有回答。

　　视频数据也是如此，诚然，研究者一般都使用访谈录音的方式。先进的录像机和转录软件使得录音和转录访谈易如反掌。下文中的转录规则，音频和视频录制品都适用。

制订转录规则

　　转录规则决定着口语如何转变成书面语形式。在此转换过程中总会丢失一些信息，因此，计划的分析目的和目标中必须确定哪些信息的丢失可以接受，哪些不可以。转录系统现有许多种（参见 Kowal & O'Connell, 2004），但多数的区别只在于转录中是否以及如何纳入各种特性，如语调、重音、音量、拖腔、停顿、不同说话者话语中的重叠、口音、手势、面部表情和非语言表达（如大笑、咳嗽、哼声等）。此外，访谈、访谈环境的一些特征也适宜分析，比如是否有人出入房间、电话是否响起等。研究者是否真的全部转录这些细节也取决于研究的经费，毕竟转录是非常耗时的工作，需要一笔可观的开支。即便简单地转录所花时间也近乎是访谈本身所花时间的5倍。记录语调、方言、小组访谈或焦点组中几个受访者话语的重叠更增加了开支。不过，经费不是唯一的决定性因素。更为重要的是，要确定所必需达到的准确程度，或者以后分析所预期的准确度。有时，转录过于精确反而会妨碍全面的分析，比如文本因转录了太多的方言或其他特性而难以阅读。对多数的社会研究而言，一个相对简单的转录系统就已足够。在一项评估研究中，我们制定了一套易于掌握的转录规则[1]。这些规则（见下框）既来自个人经验也取经于 Dresing，Pehl & Schmieder（2013）的观点。

计算机辅助分析中的转录规则

1. 必须一字不差地转录，不能根据语音转录，不能简单地做总结。任何方言都必须转换成标准语言。

2. 语言和标点符号必须通顺以符合书面语要求。

3. 清晰的长时间停顿必须以在括号内的省略号（…）表示，每个点代表一秒钟的停顿。对于长时间的停顿，停顿持续的秒数可以用括号内加数字的形式表达。

4. 受访者强调的任何术语都必须加下划线。

5. 受访者大声表达的任何话语必须以大写字母形式出现。

6. 访谈者使用的赞成或肯定的声音如嗯、啊哈等，只要没有打断受访者的谈话就不要转录。

7. 其他个体或受访者给出的任何反对意见必须转录在括号内。

8. 受访者的所有用于支持或澄清话语的声音如大笑或叹气等，必须转录在括号内。

9. 属于访谈者的段落标记为"I"，属于受访者的段落则标记为相应的缩略形式，如 R4，R1 等。

10. 每个说话者的话语单独一段落。说话者发生变化，要用单独一行表明（通常双倍行距），这方便对转录文本的阅读。

11. 必须明确地列出任何干扰现象，比如电话铃声等。

12. 访谈者和受访者的非语言表达，如大笑、叹气等，必须用双括号转录，即（（大笑））、（（叹气））。

13. 不清楚的、含糊难懂的词语必须在转录时标注（不清楚的）。

14. 一切能识别出受访者身份的信息都必须匿名处理。

---

[1] 关于更复杂的转录规则详见 Kuckartz（2010a：38-47）。

表 5.2 Jefferson 标记系统（1984）[1]

符　号	名　称	用　法
[text]	方括号	表明重叠话语的起始与结束
=	等号	表明一句话的中断以及随后的继续
（#seconds）	停顿时间	圆括号内的数字表明话语停顿的时间，以秒数计算
（.）	微停	简短停顿，通常不超过 0.2 秒
.or ↓	句号或向下箭头	表明降调或低音
? or ↑	问号或向上箭头	表明升调或高音
,	逗号	表明声调临时升高或降低
–	连字符	表明对话中的突然中断或被打断
>text<	大于 / 小于号	表明符号内的这段话语说话者说得比平常快
<text>	小于 / 大于号	表明符号内的这段话语说话者说得比平常慢
◦	程度符	表明低语、降低音量或平静的话语
ALL CAPS	文本大写	表明大叫或大音量的话语
Underline	下划线文本	表明说话者着重或强调的话语
……	冒号	表明一个拉长音
（hhh）		可听到的呼气声
or （.hhh）	高点	可听到的吸气声
（Text）	圆括号	转录中不清楚的话语或有疑惑的地方
（（ italic text ））	双圆括号	非语言行为的注释

　　Dresing, Pehl & Schmieder（2013）在此基础上补充了统一标记的说明，一个研究团队中若有许多成员都要参与访谈的转录工作，这尤其有帮助。

---

[1] Jefferson 转录标记系统可见 Transana 网站。

更为复杂的转录系统出现在语言学和话语分析中，如 GAT，HIAT，CHAT 等。EXMARaLDA 是适合更复杂情况的转录软件程序。美国语言学家 Gail Jefferson（1984）是话语分析的一个创始人，其发明的转录系统在英语国家中尤其盛行，具体内容见表 5.2。

使用计算机转录

用于转录音频和视频文件的计算机程序有许多，如 ExpressScribe，Inqscribe，HyperTranscribe 和 f4。总体而言，这些程序容易操作，且包含社会研究中转录访谈时一般所需的所有功能。像多数的媒体播放器那样，可以随意播放、停止、暂停、继续、倒退和快进。此外，还可以调整回放速度、回放间歇或以秒计算的录音倒退和重新播放的时间，在转录中使用脚踏开关（footswitch）或者踏板（pedal）有助于播放或停止录音文件。

转录软件可在转录文本中置入时间戳（time stamp），可出现在（点击回车键（Enter key）时）一个段落的开始或者结尾处。这样转录文本和音频数据就可以同步，研究者阅读转录文本时点击时间戳，就可以打开对应的音频部分。表 5.3 就是上述规则下的一个转录文本节选。

总体上，转录文本必须格式化，这样在以后的分析过程中出现在计算机屏幕上时才便于阅读，可以使用 QDA 软件程序的各种功能，尤其词汇或词语搜索功能。无论使用哪种转录系统或转录程序，整个文本中识别说话者、来自访谈提纲的具体问题、调查中具体环节的表达方式必须前后保持一致。比如，要识别访谈者，就选定一个缩略词来替代，并在整个文本中保持不变，如"I""INT"等，不要混用，也不要用全称"Interviewer"。要在 QDA 软件中使用词汇搜索功能，就必须保持词语拼写以及引用的一致性。

表 5.3 （与第 7 位访谈者的访谈）转录节选

R7: 我和男朋友组成一个学习小组。我的意思是，我什么都向他解释两遍，然后我就能更好地理解了。是的，我也和来自我统计学小组的一位同学一起学习。

I: 那你学习时的感受是啥？对统计学或（…）持有的是积极的还是消极的态度？

R7: 我非常喜欢统计学。我原以为会不喜欢的，但我一直都喜欢数学，所以我想这是为什么现在我会觉得统计学挺好。

I: 这改变了整学期的课程学习吗？（R7: 是的！）如果这样，怎么改变的？

转录文本生成之后，整个文本需编辑，并加以必要的修改，然后输入分析软件中。访谈者最好花时间对转录文本和原始录音进行一遍校对。

在质性研究中，对访谈的分析在转录中甚至之前就开始了。研究者在访谈中、在听录音时形成分析的观点甚至是假设。他们记住了访谈情境以及特殊之处，可能早就在研究团队中提及和讨论过。所有这些想法都值得记录，当然，不能记录在转录文本中。这些想法必须记录在笔记或备忘录中，和文本一起保存，链接到相关文本段上。

数据的匿名处理

质性数据通常包含敏感信息，他人可以用它们直接识别出受访者，因此，数据必须匿名。这取决于数据的类型，可以在转录过程中也可在转录结束后进行。如果数据集含有大量细节需要匿名，最好是等到转录工作全部结束后再进行。即便转录是由打字员或办公室助理完成，他们没有参与收集数据，也不要在转录过程中匿名数据，因为这样会使转录工作困难重重。

匿名处理数据时，所有关于姓名、地点、时间等敏感信息必须用假名取而代之或省略，这样，受访者就不会因为转录文本中的信息而被人识别出，地方名称可以概括化，比如用"小镇""村庄"，时间则用"夏天""去年冬天"等大范围来表达。要创建表格总结这些改变，便于解释匿名信息，当然，这必须单独保存，以保护隐私，确保保密性。

编辑、格式化和匿名数据之后，要以 RTF 或者 DOC/X 格式保存文件，这是两个不同的系统文件，要确保备份。不要将文件都放在一个硬盘中，以防硬盘损害。

组织数据与安排小组合作

质性数据通常范围广泛，文本有数百甚至数千页，这些是转录的访谈、田野日志、观察报告、文件等。在着手分析前，研究者必须考虑如何组织这些数据。要自问：有哪些数据可分析？该数据集规模有多大？能将它划分成有意义的组群吗？此外，还要看所选的 QDA 软件中哪些功能有助于最优化地组织和排列数据。

在我们的范例研究中，受访者来自两个不同年龄段，这就可以将数据分为两个文本群或文本夹，便于以后对它们分别进行分析。每个访谈需看作一个独立的文本，一般不要将所有访谈归入一个文档。

研究者还要决定音频文件是偶然还是随时使用。音频文件相对庞大，研究者必须确定是否需要分析它们。要知道，如果一个文件超过 100 MB 或甚至是 1 GB，通过网络传输就比较困难，它们往往耗时更多，一些电子邮件服务器根本提供不了此服务。此外，研究者必须严格遵守数据保护的规章制度。

收集质性数据时获得的任何标准化数据（如社会人口统计数据）必须要方便于质性文本分析，比如，便于分析某一群受访者。将标准化数据（即各种变量）组合进诸如 Excel 等电子表格中是很有益的，这种 Excel 文件可以很容易地输入统计软件中，便于开展统计分析（如频率表、交叉表等）而不用再界定变量。

在首次阅读数据或转录过程中所做的备忘录也必须组织起来，要决定是否将它们看作一种特殊的文本与访谈相链接，还是看作只属于特定文本或文本段的备忘录。采用后者方式较好，因为备忘录往往都直接与所指涉的文本相链接，易于获取。访谈者的附言或与访谈相关的附录也必须以同样方式组织起来（Witzel，2000：8）。

将文本细分为文本单位或意义单位的问题又回到了转录阶段，但这只能在分析阶段解决。如果计划根据随后编码中的句法或语义要素来编码数据，请现在就着手将数据分解成逻辑段落。将新段落看作文本意义单位是很有意义的。在最初的诠释分析中，事先界定不同组群似乎不太可能，不过，计划在分析中纳入的量化内容分析的要素越多，这些二级分类就越有价值。

Schreier（2012：129）在《论质性内容分析》（*Qualitative Content Analysis in Practice*）一书中强调，文本需先划分为单位再编码进行分析。当代的 QDA 软件灵活度大，这种限制已经不再适用。

研究团队中不同成员参与数据分析时，要考虑如何组织和协调团队研究。要考虑如下的问题：

· 成员一起合作的方式是什么？
· 所有成员都必须能同时分析同一文本吗？
· 能将文本具体分派给每位成员，这样每人负责专门的文本吗？
· 选定的 QDA 软件支持团队合作吗？对于团队合作有多种选择吗？如果有，对于当前的研究最合适的是什么？

另一个要解决的问题是，各个团队成员使用数据的程度如何？在合作中，他们都可以对共享数据库进行修改吗？比如编码文本、界定或删除符码、重构类目系统？总体而言，团队合作是复杂的，尤其是在不同地方同一时间处理同一数据库。此外，团队合作以及互换数据可能受限于技术和组织因素，研究团队需从一开始就做好决定。

5.2 使用 QDA 软件的质性文本分析

下面将介绍如何使用 QDA 软件程序来建构类目，如何运用于上述的三种质性文本分析中。软件程序更新太快，新的版本常对菜单和界面做改动，这里介绍几种一般的使用方法，而不是具体化指导，如，"从菜单上选择 ×× 项""单击此处""双击"等。

将数据输入 QDA 软件

将质性数据输入 QDA 软件的过程很简单，这取决于软件本身，输入数据可能就是用鼠标将所选文件拉至所选程序的工作界面。多数 QDA 软件都兼容 DOC 或 DOC/X 和 RTF 格式的文件，PDF 目前[1]只能以原始布局出现在 MAXQDA，NVivo 和 Atlas.ti 中。在分析访谈研究中，DOC/X 和 RTF 格式比 PDF 更合适，使用前者研究者可以在分析过程中随时增加或编辑文本。这在后面的分析过程中匿名处理时就很重要。此外，研究者只有在 DOC/X 或 RTF 格式中可以使用同步时间标记，在转录文本时同时获取音频和视频数据。

一些文本类型，如焦点组的访谈转录、在线调查中对开放式问题的回答、来自网络论坛的文本等都可以预结构化形式（prestructured format）输入 QDA 软件中，软件程序自动将文本段划分到主类目和子类目，或将小组讨论或焦点组访谈等划分至不同的说话者（参见 Kuchartz，2010a：49-55）。

文本分析技巧：评论、记备忘录和高亮文本段

QDA 软件程序在质性数据分析的文本分析初始阶段就能发挥其作用。首先给受访者的话语段或行编号，这是研究团队讨论的基础。利用 QDA 软件研究者可以对整个数据集进行词语或词组搜索，只需

---

[1] 这里指 2012 年 12 月 1 日前。

轻轻点击一下，就可以看到所有相关文本段。也可以高亮非常有趣或重要的文本段，或改变其字体颜色，再加上自己的评论。在实际分析，即建构类目、编码文本并开始基于类目的分析之前，这一切都可以实现。

接着，开始质性数据分析，事实上在首次编码之前就开始了。如果研究者不是单纯地收集数据，而是积极地投入研究中，那么整个质性研究过程其实就是数据分析过程，不像在调查研究中那样，这里的收集和分析数据之间没有严格的界限。研究者自己实施访谈，就会自然而然地根据自己的先验知识以及访谈问题分析一定的话语。Glaser 和 Strauss 将此称为编码，因为研究者一边"编码"自己所听到的，将其组织在脑海中，进行思考，一边考虑自身观点，形成各种关联性的假设（Glaser & Strauss, 1998：107-121）。这一切发生在研究过程的每个阶段，包括早期的数据收集阶段，这样，研究者随时记录这些想法和假设，备忘录是最好的形式（见章节 3.3）。质性文本分析中符码和编码系统使用的方式不同于扎根理论中常用的分析法，后者侧重符码和核心符码的建构。总之，研究者最好在分析开始时就记录各种想法、理论思考和假设。

扎根理论的创始人，如 Strauss，Glaser 和 Corbin 等人，使用术语"备忘录"来指代笔记、注释、评论，这是他们分析的核心。根据扎根理论，研究者需区分不同类型的备忘录，比如关于理论的备忘录（即"理论备忘录"），标记类目定义及其特征或属性的备忘录（即"符码备忘录"），记录案例总结的备忘录（即"文件备忘录"）。

QDA 软件中的备忘录可以与任何要件相链接，如文本段、类目和子类目。研究者最好使用不同符号来区分不同类型的备忘录。在整个分析过程中，可以组合备忘录形成更大的完整的备忘录为研究报告作铺垫。

使用数据建构符码和类目

QDA 软件有利于直接在数据基础上归纳出符码和类目，在扎根理论的开放式编码中，概念和符码直接记录在文本中，通过一行一行地分析文本，可以分割文本（Strauss & Corbin，1996：45）。这在很大程度上就像使用笔和纸一样，可以高亮文本段，赋予它们一个符码、术语或概念。

使用 QDA 软件的主要优势在于符码将自动记录在符码系统中，在以后的分析过程中可以选择、系统化并加以总结。符码一直与单独的文本段落相链接，研究者可以在分析和原始数据之间自由切换，实现这一切只需轻轻地点击一下。

关于符码不同层面的评论、理论要素以及观点可记录在符码备忘录中，该备忘录包括对类目的详细描述。图 5.1 是开放式编码的访谈节选，编码出现在文本的左边，有个备忘录与第 22 段相链接，这一段文字中人称变化显著，从第一人称转变成第二人称，比如，被问及自身行为时，受访者回答道，"我肯定会这样做的"，但随后却转换成非强制性的第二人称，回答得也很含糊，"你需要有机会去这样做"。

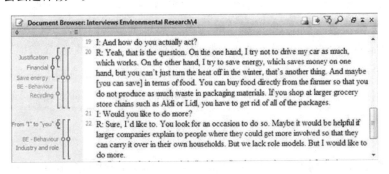

图 5.1　访谈节选，编码在左边

质性方法的一个特征就是受访者可以畅所欲言，可以用自己的话语表达思想，不需要从许多标准答案中选择一个来回答。因而，他们话语中的用词、表达的概念和使用的隐喻都非常重要。QDA 软件利用"in-vivo 编码"功能帮助研究者追溯受访者的原始措辞，它能高亮、编码受访者的话语，并同时将其作为符码记录在类目系统中。

例如，在我们研究范例"个体对气候变化的看法"中，一位受访者提出"我们拯救全球协会（We-Save-the-World-Association）"，该术语被高亮，直接作为一个类目名称（见表 5.4）。

表 5.4　（与第 29 位受访者的访谈）转录节选

I：你想做得比现在多吗？ R29：理论上讲，是的。但问题是如何去做？我不知道在一个（……）我们拯救全球协会中是否感觉自在。 I：你不觉得有责任去解决 21 世纪全球问题吗？ R29：个人角度是，但不是全球。 I：你能进一步解释一下吗？

建构类目的过程较长，需要不断地分析数据或部分数据。如章节 3.4 中所述，研究者也可以释义、抽象、总结特别有意义的文本段。释义文本的过程是相当耗时的，但很有用，尤其对才开始做研究的新手而言很有用。使用 QDA 软件时最好创建一个表格，输入相关文本段的释义，再概括和重新表述，以便界定类目。

基于扎根理论的研究者一开始就建构符码，目的在于脱离数据而形成理论。Strauss，Glaser 和 Corbin 所指的编码（Strauss & Corbin，1996：43-55）是指对数据进行理论化分类，不是简单地给予编码，这就涉及两个步骤：首先，对文本中的一切有趣点都进行编码，给予抽象标签；然后，从符码层面组合符码，研究符码之间的关联性。

与传统的使用纸笔的人工方法相比，使用 QDA 软件程序为质性数据分析建构类目有许多的优势。各种质性文本分析法、释义法、扎根理论中的理论导向分析法引申出的更为抽象概括的研究法等都是如此。使用 QDA 软件，研究者既与原始数据保持联系，却又不用浏览几百页的文本来搜索某个文本段，可以轻松地对符码、概念和类目出现在数据中的频率进行概览，可以发现、总结它们，为它们创建主题类目，用于主题文本分析中。此外，还可以很容易地找到典型范例用于界定相应的主题类目。

为了记录，研究者往往要确定类目来自哪个文本段，研究者要记录建构类目的不同阶段，鉴于与一个类目相链接的所有文本段都总结在一个列表上，研究者可以确定该类目的语义情境。

如果研究者在首次分析文本时不想对相关文本段进行编码，那么最好分两步来使用 QDA 软件程序：先标记出重要段落，再编码它们。例如，使用 MAXQDA 软件，研究者可以使用不同颜色来高亮文本。就像在纸上做标记一样，研究者只需高亮那些对研究问题很重要的文本段，这样，下次就可以直接返回到这些数据，对文本段进行编码，建构类目。

文本主题分析

在文本主题分析中如何使用 QDA 软件见表 5.5。表格左栏是主题分析的各个阶段，右栏是如何使用 QDA 软件的具体实施过程。

表 5.5　使用 QDA 软件进行质性文本主题分析

阶　段	方　法
初步分析文本	高亮重要的文本段，加以编码。 自动搜索词语或词组，写备忘录和评论，将其与具体文本段、整个文本或类目建立链接，文本段如果相似或对立，也可以建立它们之间的链接，也可以为文本段和其他外在文件建立链接以提供更大的分析情境。 写案例总结，将其作为备忘录与相应文本建立链接。
建构主题主类目	使用鼠标选择文本段并加以编码（或标签），符码可以组合或结合成更为抽象的类目。在符码备忘录中记录下对类目的界定和描述。
首次编码过程（使用主类目）	一行一行地按顺序分析每个文本，将文本段归类于相应的主类目。

续表

阶　段	方　法
编辑分类到主类目的所有文本段	使用文本检索功能，所有归类为相同主类目的文本段可以总结在一个列表中，可打印、保存为 DOC 文件或电子表格。标准化数据（如社会人口统计特征）可用于选择、分组和对比类目。
根据数据归纳式地界定子类目	直接根据数据为每个主类目建构子类目，与之前一样，将这些定义记录在符码备忘录中，用典型实例来充实类目描述，接着，为已建构的类目系统制定编码指南。
二次编码过程（使用详尽的类目系统）	重新分析归类为主类目的所有文本段，给它们标记结构化的子类目。 根据主类目和子类目对案例总结做必要的修改，记录在备忘录中。
分析和呈现结果 1：基于类目的分析	使用文本检索功能，可以编辑归类为同一类目或子类目的所有文本段，得出每个子类目出现的频率，这样就可以分析类目和子类目之间的重合现象。选择性文本检索可以用于比较数据中受访者的次组群。
分析和呈现结果 2：关联性、视觉图和表格	视觉图展示文本中出现的主题类目，如果需要，还可以展示它们出现的频率。 图表展示类目和子类目的接近度（以及它们之间的任何重合现象）。 代码行数（codeline）展示访谈的主题进展情况，在小组讨论中，代码行数展示说话者的顺序以及每人相应的话题。 概念图和图表视觉化类目之间的关联性，呈现分析中形成的假设和理论（比如，因果关系模式）。 在分析过程中，可将备忘录纳入研究报告中的相应章节。

　　表 5.5 表明，QDA 软件可以运用于文本主题分析的每个阶段，有效地帮助分析，当然，此表没有详尽 QDA 软件程序的所有功能。在写研究报告时，研究者必须界定研究框架并确定汇报研究结果的方式以及最终报告的篇幅。例如，在博士论文中用 60 页讨论研究结果是合适的，但如果是期刊论文则 5~10 页足够。

　　创建一个故事主线是很有用的，可以从作为研究基础的研究问题着手，通过介绍类目来发展故事情节，以自己预期的方式来吸引读者的注意。一旦概念化研究报告的整体结构，就能设计相应的页码数，当然，在开始动笔写第一个类目分析的时候，要明确自己研究的目的。

　　在基于类目的分析中，检索与类目、子类目相对应的文本是书写过程中的第一步。

　　　　在计算机辅助质性分析中，文本检索是对归类于同一符码的文本段进行基于类目的编辑。QDA 软件编辑的文本段往往包括关于其出处的信息，即来自哪个文本、在文本的什么位置。编辑的文本列表可在屏幕上阅读，可打印，也可转入其他程序做进一步分析。

　　以我们研究范例中的类目"全球最严重问题"为例。要分析受访者提到的当今全球最严重问题（我们将其界定为子类目），我们会考虑：什么问题被频繁地提到？什么问题很少提及？什么问题被经常联系到其他问题？哪组受访者提到哪些问题？详细地分析主题类目通常可以形成其子类目或维度。要区别不同维度或再编码相关文本段时，不需要总去分析整个数据集。此外，也可以以简单系统化的方式组织受访者的回答，为研究报告做好准备。

　　QDA 软件尤其适用于浓缩和总结已编码文本。具体方法见本书第 3 章。MAXQDA 软件中的"总结网格"是基于类目的系统化总结形式。图 5.2 是如何使用总结网格的图示。在图左方框是主题矩阵，这在本书第 3 章有详细描述，矩阵中的每行由各个访谈构成，每列是类目。只要点击主题矩阵中的一个单元格，该受访者的相关已编码文本段就展示在中间方框中。在右方框，研究者可以写下对该已编码文本段的总结。

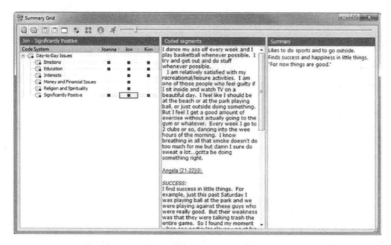

图 5.2 使用总结网络总结已编码文本段

文本评估分析

　　文本评估分析可在文本主题分析中确立的主题编码基础上轻松地实现。既然已经识别出所有与重要话题相关的文本段，研究者只需阅读、分类和评估这些文本段。如果还没有识别与编码相关的文本段，研究者就需要返回文本完成这一切。否则，分析无法与原始数据链接，就根本无法追溯数据。

　　QDA 软件有助于实现文本评估分析中的七个阶段，具体见表 5.6。

　　原则上，评估诸如人、家庭、机构等案例有两种方式：一种方式是，决定从一开始就根据类目分析案例，这需要阅读所有相关文本段（第 3 和第 5 阶段），根据每个评估类目的定义确定合适的特征，划分研究对象评估变量或级别（例如，高度责任感）。另一种方式是，决定对每个相关文本段实施详细的评估，即，评估每个文本段所表达的责任感的级别，此时，级别"高度""中度""低度"和"无法界定"可以看作符码"责任感"的子类目，标记到合适的文本段上。

表 5.6　使用 QDA 软件进行质性文本评估分析

	阶　　段	功　　能
1	（根据研究问题）确定用作评估的类目。	查找和检索功能有助于获得对数据总的概览，确定数据是否适合进行文本评估分析。
2	识别和编码与评估类目相关的所有文本段。	QDA 软件有助于迅速有效地对数据进行编码，可对比不同编码者的编码。符码备忘录有助于记录和修改类目定义、典型事例。
3	编辑同一类目下的所有文本段。	文本检索功能有助于编码同一类目下的所有文本段。检索结果可以用表格等序列形式展示或打印。
4	界定评估类目的级别（或值），给文本段定级，对类目和类目值的数量做必要的修改。	类目特征可作为子类目，根据子类目分类文本段，通过拖放方式将文本段放置于表格的恰当位置。备忘录功能有助于记录类目特征的定义和典型事例的动态变化。通过改变类目的级别或特征数量，选择现有的编码重新分类，以符合修改后的类目系统。
5	编码整个数据集，如果不知道如何编码一个文本段，记录下当时的想法。	拖放功能可将文本段放置于表格中合适的子类目下，为案例进行排序。在不确信如何编码一个文本段时，利用备忘录功能记录下所做的思考。
6	进行全面的基于类目的分析。	文本检索功能有助于编辑同一类目或子类目下的文本段，确定每个子类目出现的频率。研究者可以分析类目和子类目之间的同现或重叠现象。选择性文本检索有助于比较次组群。类目特征可作为文本主题分析的选择标准。
7	创建质性和量化数据综述与交叉图，对案例进行深度诠释。	可对整个数据样本创建量化综述，如每个类目特征的绝对和相对频率、类目交叉表、不同组群间的量化比较等。将评估类目转换成变量来分析诸如在交叉表中的统计相关性。对于一些特征模式，可以研究受访者的言语数据以对案例进行深度分析。

利用 QDA 软件，编码者可以独立编码，在所有数据编码结束后，编码者可以比较彼此的编码，讨论差异性，达成一致观点。有时编码指南中的定义需要变动或修改得更为精确，如果编码者无法达成一致观点，可在备忘录中记录下争论的详情，然后在研究团队或项目管理过程中进行讨论。

第五阶段用评估类目对整个数据集进行编码，之后，QDA 软件提供进一步分析的各种选项：

· 确定每个类目中各个特征出现的频率。

· 将类目特征作为选择标准，查找受访者涉及其他话题的话语。比如，可以研究高度责任感的受访者就话题 "气候变化" 谈论信息来源时谈论的内容。

· 可以将编码－案例矩阵中的所有编码转变成统计分析研究，以研究不同评估类目间的关联性，如 "个人的责任感会产生什么影响？" "责任感和其他什么类目相关联？"。

· 评估类目可包括在交叉表和视觉图中。

如果只是进行单个的编码，而且评估类目的特征是子类目，研究者就得在案例层面进行汇总。或许一个受访者的几个相关文本段已经评定了不同的值，比如一些文本段显示某受访者对气候编码有高度责任感，另一些文本段则显示只有中度责任感。在一些 QDA 程序中，这些评估自动转换成各种类目变量。因而，名为 "责任感" 的变量自动包括了每个受访者最常见的特征或级别。这种常见特征或级别有时不清晰，因为如果两个或以上子类目有着相同频率，那么值就会是 "不确定"。这样的话，编码者就必须再分析这些文本段，人工添加上恰当的值。一旦数据样本都进行了编码，就可以将变量转换成其他统计形式，如 Excel，SPSS，SYSTAT 等，以便后期分析使用。

导出编码矩阵之后，研究者就可以计算频率分布和百分比，为多少受访者属于 "高度责任感" 或 "低度责任感" 提供了总的概览。如果你愿意，也可以创建诸如饼形图、条线图等图表。

　　此外，也可创建交叉图，比如，去比较不同受教育程度与不同程度的责任感之间的关联性。变量值可用在 QDA 软件作为标准来选择属于其他类目的已编码文本段。例如，研究者可以分析低度责任感的受访者如何界定全球最严重问题的，将他们与高度责任感的受访者进行比较。

文本类型建构分析

　　文本类型建构分析也完全可在 QDA 软件上完成。事实上，该软件有助于质性数据分析首次有条理地建构类型和类型模式，整个类型建构过程完全是透明的。QDA 软件如何帮助质性文本分析建构类型具体见表 5.7。

　　结合各种属性很容易建构类型模式，使用 QDA 软件也容易创建理想的类型，因为使用该软件可以选择恰当的属性和类型，只需点击几次鼠标就可将其联系起来。通过建立数据矩阵，记录既定受访者是否归类于某类目以及出现的频率，类目和子类目可以转换成案例变量。如果早已实施了文本评估分析，适当的分类早已是案例变量，那就可以研究每个组群，或组群间进行比较。此外，也可将这些案例变量导出到其他统计程序，创造交叉表，在此基础上通过缩减法来创建类型。

　　类型建构分析中如果需要统计法，如聚类分析、要素分析、对应分析等来建构类型，就可以使用 QDA 软件。尤其在面对庞大的数据或处理包含众多属性的属性空间时更需要 QDA 软件。在用于建构类型的属性矩阵导出到统计软件程序后，可以利用聚类分析法创建自然类型模式。该方法将受访者划分为各种类型，再导入 QDA 软件以便做下一阶段的分析。

　　即便建构类型需要案例总结，QDA 软件也是很实用的。研究者可以起始于案例总结，根据相似性人为地尽可能将它们划分为同质组群，这可以不需要计算机。不过，研究者仍然需要计算机软件来呈现结果，比如，创建图表来视觉化各种类型以及相应的受访者。

表 5.7　使用 QDA 软件进行质性文本类型建构分析

	阶　段	功　能
1	选择类型模式的相关维度，根据研究问题或理论确定属性空间。	查找和检索功能有助于获得数据总的概览，确定数据是否适合进行文本评估分析。
2	选择数据用于建构类型，抑或主题类目，抑或评估类目。必要时，编码数据来进行类型建构分析。	确定与类目、子类目和编码相关的信息是否充分，主题或评估符码是否需要加以总结。
3	编码或再编码数据。如果有属性没有编码，必须首先建构主题或评估编码。	使用 QDA 软件相应的功能编码或总结不同的类目。
4	确定建构类型和类型模式要使用的方法。	一些情况下需要对不同组群进行试验。
	a. 通过组合方式建构同质属性类型	组合类目，建构类型。
	b. 通过缩减法建构类型	组合不同类目，合理减缩属性空间来建构合适的类型。将不同属性组合分成组群。
	c. 建构异质属性类型（多元类型）	选择一种方法建构异质属性类型：a. 将既定案例总结组合成同质聚类。b. 将属性空间数据导出到统计软件程序来创建恰当的统计分析，如聚类分析或因素分析等。再将个体划分为聚类。
5	根据所建构的类型对研究中所有案例进行分类。	创建类型模式作为 QDA 软件中新的变量或类目，方法是加上标签或符码，如"环境心态"。将所建构的不同类型作为特征加以界定。例如，类型模式"环境心态"包括四种类型"必然保护者""辩护者""无知者"和"未表态的保护者"。将受访者按这四种类型加以分类。

续表

阶　段	功　能
6	描述类型模式及所建构的类型。详细描述每种类型，记录下彼此之间的关联性。	使用文本检索，首先选择类型模式建构的属性空间中所有的主题和评估类目，然后编辑根据这些类目编码的所有文本，将编辑后的文本保存为每个类型的备忘录。
7	分析类型与次信息之间的关联性。	在此阶段，进行统计分析和质性分析。比如，使用相关性、交叉表和方差分析，研究各种类型和社会人口统计变量之间的关联性。使用概况矩阵，可以编辑和比较特定类型的受访者关于特定话题的话语。
8	对案例实施基于类型的深度分析。根据同一类型中的案例诠释代表性案例或建构理想类型。	类型是确定哪些言语数据需要更详细诠释的选择标准。此时，需要呈现、比较和诠释案例。在一些情况下，研究者需要通过编辑特定类型的不同受访者的话语来建构（或合成）一个理想类型。

5.3　使用 QDA 软件进行高级分析

质性文本分析，如上所述，不只局限于形成类目、编码并进行基于类目的分析，它还需要全面地阅读和研究文本。QDA 软件支持这种探究过程，其工具箱有各种实用的功能和程序，每个都可创造性地使用，也可彼此混合使用。这些工具及其功能本书不做详细的描述，这里只是简要地介绍建构类目和编码数据之外的功能，尤其是那些适用于质性文本分析的。

多媒体一体化功能

研究者可在质性分析中使用现代 QDA 软件的多媒体功能，这就是说，音频和视频文件可以与转录文本同步，在分析中使用。自

1960 年代后期，访谈中录音开始取代（关键词、速记）笔记，当时使用录音带进行转录和分析相当困难，研究者在听录时最多只能快进对话录音。如今，随着电子录音设备的出现，研究者几乎能随心所欲地播放，这使得录音和转录文本同步成为可能。

一般而言，分析数据时最好使用转录文本而不是录音本身，因为前者更易于研究。例如，研究者可以瞬间查找到访谈的具体文本段，而在录音文件中查找却要花费很长时间去倾听辨识。不过，整合多媒体功能好处颇多。研究者往往可以使用原始录音，尤其在想关注副语言特征，关注音调、磨蹭、声调等的时候。视频也是如此，这给研究情境以及数据如何分析提供了更多的洞见。

理论上，音频文件和转录文本同步出现这个新技术让研究者可以更好地省略访谈转录文本中不重要的部分，因为必要时，他们可以随时返回重听录音。转录文本必须有时间戳，便于研究者立刻找到原始录音。一些软件程序则相反，当研究者播放录音文件时，转录文本像字幕一样出现，这非常有助于校对转录文本的精确度。

多媒体一体化功能也包括图片、图表等与文本的链接，研究者可以展示人物、组群和方位，提高现场研究的透明度。

不过，这些新的功能也存在一些相当严重的问题，其中一个就是匿名问题。不妥匿名是质性研究中的常见问题，绝不可忽视。由于这个新技术的出现，问题也变得更为严重，事实上，根本就无法匿名视频和音频的质性数据。视频和音频数据要保护受访者隐私则根本无法编辑。对此类数据的二次分析也是困难重重，即便受访者提供书面同意书，研究者也得自问，数据是否真的需要传阅几十年？

超链接、外部链接和文本链接

在 QDA 软件中有超链接，即两点间的电子交叉索引。轻击超链接，立刻出现链接的目标，这技术广泛出现在网络上。

超链接也可作为加载工具用于质性文本分析中链接文本段，无论这些段来自研究的一个文本还是多个文本。这有助于研究者在类目和编码过程之外更好地理解数据。在 QDA 软件中创建超链接很简单：选择文本段分别作为起点和链接目标，在这两点间建立永久链接。在 QDA 软件中链接看起来很像传统网络浏览器：点击一下链接，就立刻出现链接目标，再点击一下链接，返回起点处。

使用超链接可以在研究中创建一个网络，可以在类目之外对数据进行检索。也可以使用外部链接将特定文本段与诸如照片、录音文件、视频等外部文件链接起来。可以使用 Google Earth 这样的地理参考工具与 QDA 软件结合起来，通过分析坐标来对社会客体有全新的理解，这可以纳入质性文本分析中。这样做能将任何文本段与设想的任何地理参考物链接起来，研究者可以在研究的任何时候观察到研究对象在地球上所处的位置。

地理参照物给质性文本系统化分析提供了有价值的背景信息。例如，Fielding 在做风险研究时，分析了受访者所居住的位置是否影响到受访者对洪涝和其他与气候相关的灾害的风险评估（J. Fielding，2008）。结果发现，客观危险，如是否靠近河流、住处的海拔高度等都影响到受访者主观上对危险的感知。

视觉图

在许多科学领域，视觉图是分析的一部分，用于诊断、分析和呈现分析结果。没有了图像，医药或气候研究就不再是那么回事儿，在各种学科中，统计法没有合适的因果模式曲线图和图表来呈现结果，也就面目全非。要在质性数据分析中使用图表、表格和其他视觉图的想法早已存在，大约 20 年前，扎根理论的提倡者就使用图表呈现自己的概念（参见 Strauss，1991：238-273；Strauss & Corbin，1996：169-192）。1995 年 Miles 和 Huberman 发表专著《质性数据分析》，详细地陈述了视觉化手段，如今依然值得借鉴，因为这两位作者探讨了不同的数据呈现模式（Kuckartz，2010a：178）。

下面是 QDA 软件中呈现文本分析结果的三种视觉化方法：

a. 呈现访谈中主题进展情况的视觉图

b. 每个访谈的类目视觉图

c. 基于案例的概念图

a. 呈现访谈中主题进展情况的视觉图

视觉化访谈中的结构以及主题进展情况在质性主题分析中尤其重要。访谈越趋向开放，视觉图会越鲜活有趣。如果是根据访谈提纲严格按照话题顺序进行的访谈，视觉图就不会那么生动。

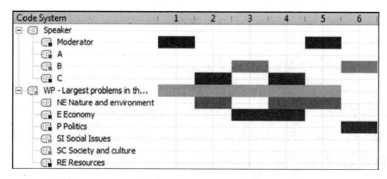

图 5.3 一个小组讨论的进展视觉图

正如展示小组讨论进展情况的图 5.3 所示，图表尤其适用于焦点小组的分析，这里每个说话者都得以编码。图表显示哪个说话者（这里简称 A，B，C）何时讨论什么话题。图 5.3[1] 呈现的是一个小组讨论转录文本的前六个段落。在讨论主持人简短介绍之后，说话者 C，B 先后发言，然后又是 C。主持人开始非常简洁地介绍话题"全球最严重问题"，说话者 C 提到关于"自然与环境"的话题，说话者 B 关注"经济"和"自然与环境"的关系，第四段中说话者 C 接着该话题讨论。于是第五段中主持人在说话者 C 转换话题到"政治"之前提到"自然与环境"。

[1] 该图由 MAXQDA 中的"代码行数"功能创建。

b. 每个访谈或案例的类目视觉图

概况矩阵，尤其主题矩阵（其概念详见第 3 章），是质性文本分析的核心。主题矩阵可以两维度呈现案例和类目。创建编码的视觉图提高它们潜在分析的能力，因为人们一眼就能看清楚哪个访谈分类至哪个类目。如果适用的话，也可以视觉化每个类目出现的频率。图 5.4 就是这种视觉图。[1] 双击主题矩阵中的一个节点，划分在同一类目下的某文本所有文本段都出现，这种文本并排排列，便于研究者比较文本。

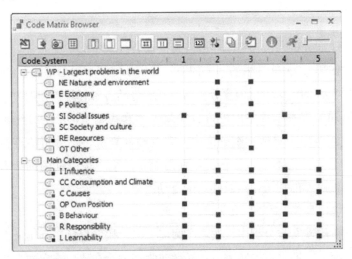

图 5.4 访谈类目的视觉表征以及相应的类目

在该图中，纵栏是案例，从访谈 1 到访谈 5，横栏则是类目和子类目。如果选择 QDA 软件的相应功能，还可以看符号的大小（size of the symbols），显示的是每个类目出现在一个访谈中的频率。

c. 基于案例的概念图

概念图有助于分析数据样本中的类目、子类目和案例之间的关联性。例如，如果在概念图上排列所有划分到既定访谈的类目，类目则与文本中相应的文本段链接。这些视觉图明确地显示出既定访谈归属

---

[1] 该图由 MAXQDA 中的"编码矩阵浏览器"功能创建。

哪些类目，此外，通过点击文本段信息框，立刻出现下划线的数据。概念图在质性文本分析中很实用，主要在于：第一，尤其适合呈现结果，比如呈现作为案例深度诠释一部分的背景信息；第二，可用作实际文本分析和研究文本的诊断工具。

地理链接也可植入概念图，这样一旦点击文本标记符，地理信息程序如 Google Earth 或 Microsoft Virtual Earth 就会精确地展示出受访者的生活位置。

基于词语的分析法

仔细分析词语、句子和语言特征在质性文本分析中非常重要。可以使用 QDA 软件中的基于词语的分析功能。如本书第 2 章所述，1940 年代的传统量化内容分析已经开始包括各种计算机辅助方法，如以词语为基础程序库进行自动编码。这些基于词语的方法也可启发性地用于质性文本分析中。有两种计算机辅助分析法可很好地补充质性文本分析，它们分别是展示情境中关键词的词频数、基于程序库的词语搜索及随后的自动编码。

情境列表中的词频和关键词

在质性文本分析中，按顺序阅读文本，按字母顺序列出所有词语，统计它们出现的频率，这样做非常有用，在比较选定文本或文本群时尤其如此。辅助量化内容分析的计算机程序[1]可以在分析中排除小词，如冠词、连词等，将它们列在所谓的"非用词表"或"排除列表"中。

词频表显示最常见、罕见的词语，还有那些不该在既定情境中出现的词语。质性研究旨在让人们自由地表达自己，研究访谈中的语言现象很有意义。分析情境中的关键词、访谈中既定组群或所有组群所使用的一定术语，尤其有意义。研究结果生成的列表显示文本中出现的术语及其在文本中的上下文情境。

---

[1] 例如，Wordstat 和 MAXDictio。

基于程序库的词语查找和自动编码

用类目和搜索词创建程序库，利用程序库自动编码，这种方法来自计算机辅助量化内容分析（Krippendorff，2004：281-289）。程序库包括文本中出现的所有类目和搜索术语，是每个类目的指标。比如，要界定类目"手艺人"并编辑相应程序库，需要包含诸如"鞋匠""木匠""木雕工"等行业，这样，包含任何一个上述搜索术语的文本段就会自动被编码，归类于"手艺人"类目。使用这种基于程序库的分析法，模糊术语则不能准确地被编码，这就需要重新分析这些术语的上下文情境。比如，在"手艺人"例子中，"Shoemaker（鞋匠）"和"Carpenter（木匠）"也可能不是职业，而是受访者的名字，如果这样，将它们归类于"手艺人"类目是不恰当的。要澄清这样的模糊性只需要分析这些搜索词出现的上下文情境。

基于程序库的编码是分析大型数据的可靠分析法，如果需要，可以进行非常有效的搜索并直接进入相应的文本段。这种分析和编码方式是随后统计分析的坚实基础，但也可用于启发性探究，质性研究者可以发现具体词语、词语组合及它们所在的文本段。基于程序库的内容分析不同于本书中所陈述的其他文本分析法，它是自动的，编码过程全部由计算机完成，一些研究问题可立刻解决。比如，我们利用基于程序库的分析法来分析学生对提高学费这个提议的看法，我们能很快地识别出学生提出的不同因素和话题，比如，涉及的是社会话题还是社会不公正问题？是否认为提高学杂费会提高学习质量？是否提到法律，如指出德国宪法规定人人有接受教育的权利，提高学费是不合法的等？使用词频表，这些术语划分为程序库的类目，所有话语得以自动编码。这样，很容易检验我们的研究假设："学生将提高学杂费更多地联系到社会不公正问题，而不是提高学习质量问题"；"学生提到社会因素，就会提到法律因素"。

　　基于词语的分析局限于单个词语或词组，不能解读词语的模糊性，因而在解决复杂的研究问题上也存在局限。不过，这样的方法可补充质性文本分析，它从不同视角分析数据，重点关注单个词语，这样，研究者可采用其他分析形式发现数据中隐藏的相关性。此外，基于词语的分析省时省力，研究者所需做的只是输入数据而已。

第 6 章

质量标准、研究报告与记录

本章概要

· 质性研究的质量标准
· 质量内在标准：信度（reliability）、可信性（credibility）、真实性（authenticity）
· 质量外在标准：可推广性（transferability）、可调性（adjustability）
· 如何撰写研究报告
· 如何使用引言
· 如何记录质性文本分析

如何区分质性文本分析的质量高低？制定什么标准？如何计划和安排研究报告？研究报告中该记录什么？什么应该出现在报告的附录中？如何直接引用数据？本章就上述相关问题加以阐释，尤其适合硕士和博士论文的写作指导。

6.1 质性文本分析的质量标准

要谈论质性文本分析的质量标准，首先自然是标准在质性研究中的重要性。第一个问题是：质性研究的一般标准是什么？这些标准不同于传统上长期被视为量化研究标准的客观性、信度和效度吗？关于质性研究标准问题的探讨可追溯至 1980 年代，一直很有争议（参见 Flick, 2007a: 487-510; 2009; Guba & Lincoln, 1985; Kirk & Miller, 1986; Spencer, Ritchie, Lewis, & Dillon, 2003; Steinke, 2004）。在 1990 年代，Miles 和 Huberman 对比了传统质量标准和质性研究的新标准（1995），见表 6.1。

表 6.1　质性和量化研究的质量标准

量化研究的质量标准	质性研究的新质量标准
客观性	一致性（conformability）
信度	信度、可靠性（dependability）、可审性（auditability）
内在效度	可信性、真实性
外在效度	可推广性、可调性

注：来自 Miles & Huberman，1995。

　　正如 Creswell 和 Plano Clark（2011）所指出的，最终形成的质量标准往往关乎于认识论假设或个人的世界观。质性研究中对于质量标准的探讨复杂且多元，这里不做详细介绍。Creswell（2009）、Seale（1999b）和 Flick（2006）等提出的实用观是可行的，他们都试图寻找新方法来确定标准，而不是简单地排斥或盲目地接受传统的质量标准。他们鼓励研究者重新建构与研究机构相关的质量标准，用于分析研究计划。Seale 和 Hammersley 提出的微现实主义（Seale，1999a：469）是基础，便于我们探索质性文本分析中的质量标准问题。这种探索活动有三个前提条件：第一，知识的效度无法用确定性（certainty）来度量，因为假设只能根据其合理性（plausibility）和可信性来度量。第二，现象独立于我们对它们的假设之外，尽管这种假设也许或多或少是恰当的。第三，现实可以通过我们对现象的不同视角来获取。研究的目的旨在呈现现实，不是去再生产它。在质性经验研究中，主要的问题是研究者的陈述与数据的关联性如何？

　　下面，我们讨论质性文本分析的质量标准。首先区分内在质量标准和外在质量标准，前者指可信性和真实性，后者则指研究可推广和普及的程度。这两种标准可以代替来自传统的假设 - 推论研究范式的内在效度和外在效度。这表明，传统标准不能简单地推广到质性研究中，相反，需要修改和拓展以便将质性研究过程的本质纳入考虑之中

（Flick，2009：373-375）。制定质量内在标准是将文本系统化分析看作分析质性数据法的首要目的，推广和普及研究则更多地取决于整个研究的架构，如研究的设计、抽样的方法等。与传统的内在和外在效度质量标准相似，内在质量是研究的外在质量的基本因素。

研究的内在质量：可信性和真实性

可信性和真实性这两个质量标准不仅适用于质性文本分析中的各种方法，也是整个研究的质量标准。事实上，数据的质量只有在分析中才会变得清晰。比如，访谈是否真实？是否有深度？是否是根据既定访谈类型的相关规则实施访谈的？受访者的回答前后一致吗？可信吗？访谈的结构是否合理？

下面是评估研究内在质量的主要问题核对表：

· 数据是如何被记录的？比如，是录音还是视频？
· 是否是按照转录规则进行的？会公开这些规则吗？
· 转录过程的要求是什么？
· 谁完成了转录工作？研究者还是其他人？
· 使用专门的转录软件了吗？
· 能让录音和转录文本同步出现吗？
· 是否严格遵守转录规则？书面转录文本是否与实际话语一致？

下面是关于实施质性文本分析的重要问题：

· 所选的文本分析法适合研究问题吗？
· 如何证明所选方法是合理的？
· 是否正确地实施了选定的方法？
· 是否使用计算机来辅助分析文本？
· 数据是由多位独立的编码者编码的吗？
· 编码中如何保持一致性？如何解决不一致问题？

· 类目系统前后一致吗？

· 类目和子类目得以很好地建构吗？

· 类目定义的精确度如何？

· 是否在类目中包含了典型实例？

· 质性分析是否涵盖了所有的数据？

· 为了确定最终编码，分析数据的频率如何？

· 考虑过异常或反常案例吗？是如何关注和分析它们的？

· 在分析过程中写备忘录了吗？何时？它们看起来像什么？

· 在研究报告中是否包括了来自原始数据的引言？如何选择它们？是否是根据有理性做出的选择？是否包括了反例和反论？

· 能根据数据证实研究结论的合理性吗？

无论研究者还是评估者，公开文本分析的方法并加以反思是至关重要的。如果使用的是 QDA 软件，评估者可以很容易地理解研究的类目系统和类目的详细程度，文本段划分类目的信度，以及备忘录中所显示的研究者反思的程度。

外在质量标准：推广和普及研究结果的能力

即便能够解决上述核对表中的所有问题，研究的内在质量很高，也不能完全保证研究结果的推广性和普及性。该如何保证分析的结果在研究范围之外也有意义？即，如何保证研究结果既在特定情境中有效，又可以普及到其他情境和其他地方？该问题与质性文本分析的质量标准没有直接关系，因此这里只推荐一些文献作参考便于以后深入阅读。Flick（2009：26）认为质性研究的一个主要目的就是推广和普及研究结果，并指出研究者必须明确自己想普及研究结果的程度。在量化研究中，对数目众多的受访者进行随机抽样（一些情况下只有定额抽样）得出统计结论，这样得出的结论具有普及性。这里需要严肃指出的是，由于调查研究中问卷回复率的不断下降，简单的统计结论质量也逐渐下降。质性研究不能只依靠这种方式来普及研究结果，因为质性研究通常涉及的样本更少。诚然，在质性研究中要仔细地选择一些案例，使其包括最大化和最小化量的对比，这就类似于扎根理论中理论抽样的目的。

最终，研究者需要反思自己的研究能推广到该研究问题的外部情境的程度如何。Flick（2009：276）认为，确定研究结论的可推广性是有步骤可循的。

此外，可以使用各种策略来推广经验研究的结果，具体包括：

· 同侪汇报。定期与研究团队之外的负责人见面，汇报研究情况。这些专家检查研究方法和初步结论，提出任何可能被忽视的设想或事实。

· 成员检核。就研究结果与受访者讨论以获取适当反馈（即交流性验证（communicative validation））。

· 延长在实地的时间。待在实地或返回实地有助于去除分析数据时出现的草率判断以及错误的结论。

· 使用三角测量或混合方法。使用三角测量，或混合各种研究方法（参见 Denzin，1978；Flick，2007b；Kelle，2007b；Kuckartz，2009），研究者从多角度分析研究对象，可以更好地概括自己的研究结果。

6.2　研究报告与记录

人们普遍存在的一个错误观点是，只有到了研究快结束时才可以记录研究结果。其实，研究者必须在整个研究过程中持续地做记录，在数据分析的整个过程中尤是如此。这样做，可以积累很多信息用于撰写最终的研究报告，研究报告只是整个写作过程中的最后一个阶段。

研究的实际结果必须出现在研究报告中，正如本书开始所引用的一位博士生的话"我们需要汇报研究结果"。在整合分析过程中浮现的各个重要信息时，要自问，研究问题是什么？研究报告包含的所有信息都需回答这个问题，要显示出该信息在实践或以后研究中有多大的相关性和实用性。

在分析过程中做的任何记录都是研究报告的基础，具体包括：

· 已写的备忘录
· 包括典型实例的类目描述
· 案例总结
· 来自文献或综述的节选
· 在研究过程中所做的陈述及所写的论文
· 图表模式和曲线图
· 诸如符码对应等视觉图
· 研究日志或日记

这样，在着手撰写研究报告时，就有了一份在研究过程中已生成的全面的清单。如果是研究团队，对这个清单进行概览可能是费时的，但却能展示出漏洞或哪些地方需要做额外准备。目前有大量文献讨论如何撰写研究报告，这里不一一列举，这些作者都正确地指出，研究者的写作过程或结构是千差万别的，但无论如何，研究者必须开始于写作大纲，见下面的基本结构：

1　背景介绍
2　阐释研究问题，呈现假设及相应的理论（前提是形成了假设，或研究是建立在一定理论基础上的）
3　研究方法论
4　研究结果
5　总结

研究报告还存在其他的重要差异。比如，出现数据收集方法、转录类型与规则、质性文本分析的具体步骤的研究方法论这一部分。根据所写的类型，如学术论文、第三方资助的研究项目报告或评估报告，要着重突显不同的研究要素。一般而言，学术论文方法论部分有具体而详细的要求，需要研究者严格遵守。而在评估报告中，研究结论、评估者的评估及相应的影响则通常是最为重要的。

在撰写质性研究的研究报告时，研究者常会碰到 Huberman 和 Miles（1994）提出的"数据过量（data overload）"现象：当收集了大量有趣数据时，就很难做到"以树见林"了。这种时候研究者很难去选择结果和重要数据，应该思考的问题有：究竟应该汇报什么？哪些该省略？报告中为何包含这个案例总结而不是另一个？为什么只关注这个类目？

遗憾的是，研究者常将过多时间花费在转录和编码数据上。分析过程中的这最初几个步骤的确是耗时耗力的，但往往会使研究者缺乏足够的时间来实施复杂的分析并撰写研究报告。因此，研究者最好时刻记录整个研究过程，分析之后要留出足够的时间来撰写和记录研究结果，如前所述，要在整个分析过程中思考写什么。

在写作中，研究者或许担心研究结果是否会对研究领域产生影响，研究者所期待的潜在影响很重要，将它们记录在报告中。这在评估报告写作中尤是如此。评估报告标准最初由教育评估标准联合委员会制定（JCSEE，Yarbrough，Shulha，Hopson，& Caruthers，2011），它强调公平性：

P4　清晰性与公平性。评估报告在满足利益相关者需求和目的上要易于理解，要体现公平性。[1]

引用原始数据

量化研究者常认为必须要以百分比、系数、相关性等数值形式来

---

[1] 见美国评估协会网页上的项目评估标准。

呈现研究结果，这样的研究结果更能吸引阅读者的注意。同样，质性研究者则常认为必须以文字形式展示自己分析的结果。从开放式访谈中引用文本段完全是合乎常理的，研究报告没有理由不包括引文。每个引文都必须标注，任何省略都要指明，研究者不能做任何强调。和其他出处的引文一样，这些引文必须注明出处、访谈名称、第几段落或第几行。例如，（R07：14）和（Ms. Stone：311-315）就是有效引文标注，前者是访谈名称的缩略及第几段落数，后者是受访者化名和第几行数。

引言使用必须有节制，不能超过结论章节甚至整个论文的三分之一或四分之一长度。制作真实的原声播出看似吸引人，却让学术文章或论文背负了未分析的名声，这一点必须避免。

要注意选择有理性（selective plausibility）问题，即，要使用原始引文证明每个分析结果的合理性。这样做是诱人的，但可能会让读者产生疑虑。研究者必须在研究报告中呈现不同观点，利用引文给出包容面大的答案。

记　录

在学术论文中该记录什么？以什么形式记录？什么信息必须保密？评估者应该能理解的是什么？能证明其合理性的是什么？

在实际研究报告中的方法论部分，研究者要清楚地描述所选择的文本分析法，陈述作为分析核心的类目。下面各个要素必须包括在论文或研究报告的附录中：

· 对于研究重要的书面文件，如信件等。
· 转录规则和相关标准的参考文献（也可直接出现在文本中）。
· 访谈提纲（如有的话）。
· 相应的问卷调查（如有的话）。
· 关于个体访谈时间长短的信息，或至少是访谈平均持续时间及时间长短的范围。

· （根据评估者要求）一个或多个转录文本作为所收集数据的范例及转录类型

此外，还包括 CD 光盘上的数据，这取决于评估者的要求。

· （DOC，DOCX，RTF，PDF 等）标准格式的原始数据转录文本。
· 如果使用 QDA 软件进行分析，最后一版的项目文件。

第 7 章

结　语

与质性数据分析的其他方法相比，质性文本系统化分析有许多的优势：

- · 研究者可以实施可系统化管理、可理解、可复制的分析。
- · 这是一组科学方法，可以清晰地描述和掌握。
- · 它提供了多种方法，适合不同情境满足不同需求。
- · 它可以分析收集到的所有数据或被选作二次分析的数据。
- · 合格的研究者团队进行合作研究是很有益的。
- · 由多个编码者进行编码可提高研究的可信度。
- · 它将对文本的阐释性理解与规则指导下的文本编码相结合。
- · 它可以进行计算机辅助分析。
- · 如果需要，可以分析数量庞大的文本。
- · 研究者必须建构类目系统，包含详细的定义以及典型实例。
- · 它是系统化方法，避免案例的轶事化及联想。
- · 可以视其为非常开放的探索性方法，比如主题分析形式，其中的类目是归纳式建构的。不过，也可以视其为建构在假设和先定类目基础上的分析法，即理论导向分析法。
- · 它避免轻率地量化（不同于量化内容分析）。

质性文本分析早就为全球众多国家的许多研究者所使用，他们来自不同学科领域，如社会学、教育学、政治学、心理学、人类学、社会工作、教育、健康研究等。不过，它在许多方面还停留在早期阶段。比如，直到最近，关注如何保证编码者间一致性的讨论才出现。不过，鉴于人们对这种系统化分析形式有着浓厚的兴趣，有理由相信质性文本分析在不久的将来会迎来方法上的改进。

最后要指出的是，质性文本分析是一种方法，其显著特征是，研究问题在整个分析过程中都起着重要的作用。使用质性文本分析，可以使经验研究结果显得更为可信，也可以帮助研究者根据数据生成和检验理论。

参考文献

Bailey, K. D. (1973). Monothetic and Polythetic Typologies and their Relation to Conceptualization, Measurement and Scaling. *American Sociological Review, 38*(1), 18–33.

Bailey, K. D. (1994). *Typology and Taxonomies. An Introduction to Classification Techniques.* Thousand Oaks, CA: Sage Publications.

Barton, A. H. (1955). The Concept of Property-space in Social Research. In P. F. Lazarsfeld & M. Rosenberg (eds), *The Language of Social Research* (pp. 40–53). New York: Free Press.

Bazeley, P. (2007). *Qualitative Data Analysis with NVivo.* Thousand Oaks, CA: Sage Publications.

Berelson, B. (1952). *Content Analysis in Communication Research.* Glencoe: Free Press.

Berelson, B., & Lazarsfeld, P. F. (1948). *The Analysis of Communication Content.* Chicago: University of Chicago.

Bernard, H. R., & Ryan, G. W. (2010). *Analyzing Qualitative Data. Systematic Approaches.* Thousand Oaks, CA: Sage Publications.

Boyatzis, R. E. (1998). *Transforming Qualitative Information: Thematic Analysis and Code Development.* Thousand Oaks, CA: Sage Publications.

Bryman, A. (1988). *Quantity and Quality in Social Research.* London: Routledge.

Charmaz, K. (2006). *Constructing Grounded Theory: A Practical Guide Through Qualitative Analysis.* Thousand Oaks, CA: Sage Publications.

Charmaz, K. (2011). Grounded Theory Methods in Social Justice Research. In N. K. Denzin & Y. Lincoln (eds), *The SAGE Handbook of Qualitative Research* (4th ed., pp. 359–380). Thousand Oaks, CA: Sage Publications.

Charmaz, K., & Bryant, A. (eds). (2007). *The SAGE Handbook of Grounded Theory.* Thousand Oaks, CA: Sage Publications.

Cisneros-Puebla, C. A. (2004). 'To Learn to Think Conceptually'. Juliet Corbin in Conversation With Cesar A. Cisneros-Puebla [53 paragraphs]. *Forum Qualitative Sozialforschung / Forum: Qualitative Social Research, 5*(3), Art. 32. Retrieved 28.03.13, from http://nbn-resolving.de/urn:nbn:de:0114-fqs0403325

Clarke, A. (2005). *Situational Analysis: Grounded Theory After the Postmodern Turn.* Thousand Oaks, CA: Sage Publications.

Corbin, J., & Strauss, A. L. (2008). *Basics of Qualitative Research: Grounded Theory Procedures and Techniques* (3rd ed.). Thousand Oaks, CA: Sage Publications.

Creswell, J. W. (2003). *Research Design. Qualitative, Quantitative, and Mixed Methods Approaches.* Thousand Oaks, CA: Sage Publications.

Creswell, J. W. (2007). *Qualitative Inquiry and Research Design. Choosing Among Five Approaches.* Thousand Oaks, CA: Sage Publications.

Creswell, J. W. (2009). *Research Design: Qualitative, Quantitative, and Mixed Methods Approaches* (3rd ed.). Thousand Oaks, CA: Sage Publications.

Creswell, J. W., & Plano Clark, V. L. (2011). *Designing and Conducting Mixed Methods Research* (2nd ed.). Thousand Oaks, CA: Sage Publications.

Danner, H. (2006). *Methoden geisteswissenschaftlicher Pädagogik* (5th ed.). München: Utb.

Denzin, N. K. (1978). *The Research Act: A Theoretical Introduction to Sociological Methods* (2nd ed.). New York: McGraw Hill.

Denzin, N. K., & Lincoln, Y. (2011). Preface. In N. Denzin & Y. Lincoln (eds.), *The SAGE Handbook of Qualitative Research* (4th ed., pp. ix–xvi). Thousand Oaks, CA: Sage Publications.

Dey, I. (1993). *Qualitative Data Analysis: A User-Friendly Guide for Social Scientists*. London: Routledge.

Diekmann, A. (2007). *Empirische Sozialforschung. Grundlagen, Methoden, Anwendungen* (18th ed.). Reinbek bei Hamburg: Rowohlt.

Dresing, T., Pehl, T., & Schmieder, C. (2013). Manual (on) Transcription. Transcription Conventions, Software Guides and Practical Hints for Qualitative Researchers 2nd Edition. Retrieved 10.04.13, from http://www.audiotranskription.de/english/transcription-practicalguide.htm

Feyerabend, P. (1975). *Against Method: Outline of an Anarchistic Theory of Knowledge*. Atlantic Highlands, N.J.: Humanities Press.

Fielding, J. (2008). 'Double Whammy? Are the Most at Risk the Least Aware?' A study of Environmental Justice and Awareness of Flood Risk in England and Wales. In W. Allsop, P. Samuels, J. Harrop & S. Huntington (eds), *Flood Risk Management: Research and Practice*. London: Taylor and Frances.

Fielding, N., & Lee, R. (1998). *Computer Analysis and Qualitative Research*. Thousand Oaks, CA: Sage Publications.

Flick, U. (2006). *An Introduction to Qualitative Research* (3rd ed.). London: Sage Publications.

Flick, U. (2007a). *Qualitative Sozialforschung. Eine Einführung*. Reinbek bei Hamburg: Rowohlt.

Flick, U. (2007b). *Triangulation. Eine Einführung* (2nd ed.). Wiesbaden: VS Verlag.

Flick, U. (2009). *Sozialforschung. Methoden und Anwendungen. Ein Überblick für die BA-Studiengänge*. Reinbek bei Hamburg: Rowohlt.

Flick, U., von Kardorff, E., & Steinke, I. (eds). (2004). *A Companion to Qualitative Research*. London: Sage Publications.

Frueh, W. (2004). *Inhaltsanalyse. Theorie und Praxis* (5th ed.). Konstanz: UVK.

Gadamer, H.-G. (1972). *Wahrheit und Methode. Grundzüge einer philosophischen Hermeneutik*. Tübingen: J.C.B. Mohr Verlag.

Gadamer, H.-G. (2004). *Truth and Method*. London: Continuum Publishing.

Gibbs, G. R. (2009). *Analysing Qualitative Data*. Thousand Oaks, CA: Sage Publications.

Glaeser, J., & Laudel, G. (2010). *Experteninterviews und qualitative Inhaltsanalyse: Als Instrumente rekonstruierender Untersuchungen* (4th ed.). Wiesbaden: VSVerlag.

Glaser, B. G., & Strauss, A. L. (1967). *The Discovery of Grounded Theory*. Chicago: Aldine.

Glaser, B. G., & Strauss, A. L. (1998). *Grounded Theory. Strategien qualitativer Forschung*. Bern: Huber.

Guba, E., & Lincoln, Y. S. (1985). *Naturalistic Inquiry*. Thousand Oaks, CA: Sage Publications.

Guest, G., MaxQueen, K., & Namey, E. (2012). *Applied Thematic Analysis*. Thousand Oaks, CA: Sage Publications.

Hammersley, M. (1992). *What's Wrong with Ethnography? Methodological Explorations.* London: Routledge.

Hempel, C. G., & Oppenheim, P. (1936). *Der Typusbegriff im Lichte der neuen Logik. Wissenschaftstheoretische Untersuchungen zur Konstitutionsforschung und Psychologie.* Leiden: Sijthoff Verlag.

Hopf, C., Rieker, P., Sanden-Marcus, M., & Schmidt, C. (1995). *Familie und Rechtsextremismus. Familiale Sozialisation und rechtsextreme Orientierungen junger Männer.* Weinheim: Juventa.

Hopf, C., & Schmidt, C. (1993). Zum Verhältnis von innerfamilialen sozialen Erfahrungen, Persönlichkeitsentwicklung und politischen Orientierungen. Hildesheim: Institut für Sozialwissenschaften der Universität Hildesheim.

Huberman, A. M., & Miles, M. B. (1994). *Qualitative Data Analysis. An Expanded Sourcebook* (2nd ed.). Thousand Oaks, CA: Sage Publications.

Jahoda, M., Lazarsfeld, P. F., & Zeisel, H. (1975). *Die Arbeitslosen von Marienthal. Ein soziographischer Versuch* (1st ed.). Frankfurt/M.: Suhrkamp.

Jahoda, M., Lazarsfeld, P. F., & Zeisel, H. (2002). *Marienthal. The Sociography of an Unemployed Community. With a new introduction by Christian Fleck.* New Brunswick, N.J.; London: Transaction Publishers.

Jefferson, G. (1984). Transcription Notation. In J. Atkinson & J. Heritags (eds), *Structures of Social Interaction.* New York: Cambridge University Press.

Kelle, U. (2007a). The Development of Categories: Different Approaches in Grounded Theory. In A. Bryant & K. Charmaz (eds), *The Sage Handbook of Grounded Theory* (pp. 191–213). London: Sage.

Kelle, U. (2007b). *Die Integration qualitativer und quantitativer Methoden in der empirischen Sozialforschung. Theoretische Grundlagen und methodologische Konzepte.* Wiesbaden: VS Verlag.

Kelle, U. (2007c). 'Emergence' vs. 'Forcing' of Empirical Data? A Crucial Problem of 'Grounded Theory' Reconsidered. In G. Mey & K. Mruck (eds), *Grounded Theory Reader* (pp. 133–155). Köln: Zentrum für Historische Sozialforschung.

Kelle, U., & Kluge, S. (eds). (2010). *Vom Einzelfall zum Typus. Fallvergleich und Fallkontrastierung in der qualitativen Sozialforschung* (2nd ed.). Wiesbaden: VS Verlag.

Kelle, U., Prein, G., & Bird, K. (1995). *Computer-Aided Qualitative Data Analysis: Theory, Methods and Practice.* Thousand Oaks, CA: Sage Publications.

Kirk, J., & Miller, M. L. (1986). *Reliability and Validity in Qualitative Research.* Thousand Oaks, CA: Sage Publications.

Klafki, W. (2001)[1971]. Hermeneutische Verfahren in der Erziehungswissenschaft. In C. Rittelmeyer & M. Parmentier (eds), *Einführung in die pädagogische Hermeneutik. Mit einem Beitrag von Wolfgang Klafki.* (pp. 125–148). Darmstadt: Wissenschaftliche Buchgesellschaft.

Kluge, S. (1999). *Empirisch begründete Typenbildung. Zur Konstruktion von Typen und Typologien in der qualitativen Sozialforschung.* Opladen: Leske & Budrich.

Kluge, S. (2000). Empirically Grounded Construction of Types and Typologies in Qualitative Social Research [14 paragraphs]. *Forum Qualitative Sozialforschung / Forum: Qualitative Social Research, 1*(1), Art. 14. Retrieved 10.04.13, from http://nbn-resolving.de/urn:nbn:de:0114-fqs0001145

Kowal, S., & O'Connell, D. C. (2004). The Transcription of Conversations. In U. Flick, E. von Kardorff & I. Steinke (eds), *A Companion to Qualitative Research* (pp. 248–252). London: Sage Publications.

Kracauer, S. (1952). The Challenge of Qualitative Content Analysis. *Public Opinion Quarterly, 16*, 631–642.

Krippendorff, K. (2004). *Content Analysis. An Introduction to Its Methodology* (2nd ed.). Thousand Oaks, CA: Sage Publications.

Kriz, J., & Lisch, R. (1988). *Methoden-Lexikon*. Weinheim/München: PVU.

Kuckartz, U. (1991). Ideal Types or Empirical Types: The Case of Max Weber's Empirical Research. *Bulletin de Méthodologie Sociologique, 32*(1), 44–53.

Kuckartz, U. (2009). Methodenkombination. In B. Westle (ed.), *Methoden der Politikwissenschaft* (pp. 352–362). Baden-Baden: Nomos.

Kuckartz, U. (2010a). *Einführung in die computergestützte Analyse qualitativer Daten* (3rd ed.). Wiesbaden: VS Verlag.

Kuckartz, U. (2010b). Nicht hier, nicht jetzt, nicht ich – Über die symbolische Bearbeitung eines ernsthaften Problems. In H. W. u.a. (ed.), *Klimakulturen. Soziale Wirklichkeiten im Klimawandel* (pp. 144–160). Frankfurt: Campus.

Kuckartz, U. (2010c). Type-bildung. In G. Mey & K. Mruck (eds), *Handbuch Qualitative Forschung in der Psychologie* (pp. 553–568). Wiesbaden: VS Verlag.

Kuckartz, U., Dresing, T., Raediker, S., & Stefer, C. (2008). *Qualitative Evaluation. Der Einstieg in die Praxis* (2nd ed.). Wiesbaden: VS Verlag.

Lamnek, S. (1993). *Methoden und Techniken*. Weinheim: PVU.

Lamnek, S. (2005). *Qualitative Sozialforschung. Lehrbuch* (4th ed.). Weinheim: Beltz.

Lazarsfeld, P. F. (1972). *Qualitative Analysis. Historical and Critical Essays*. Boston: Allyn and Bacon.

Legewie, H., & Schervier-Legewie, B. (2004). 'Research is Hard Work, it's Always a Bit suffering. Therefore on the Other Side it Should be Fun'. Anselm Strauss in conversation with Heiner Legewie and Barbara Schervier-Legewie. *Forum Qualitative Sozialforschung / Forum: Qualitative Social Research, 5*(3), Art. 22. Retrieved 28.03.13, from http://nbn-resolving.de/urn:nbn:de:0114-fqs0403222

Lewins, A., & Silver, C. (2007). *Using Software in Qualitative Research: A Step-By-Step Guide*. Thousand Oaks, CA: Sage Publications.

Mackie, J. L. (1974). *The Cement of the Universe. A Study of Causation*. Oxford: Clarendon Press.

Marshall, C., & Rossman, G. B. (2006). *Designing Qualitative Research* (4th ed.). Thousand Oaks, CA: Sage Publications.

Mayring, P. (2000). Qualitative Content Analysis [28 paragraphs]. *Forum Qualitative Sozialforschung / Forum: Qualitative Social Research, 1*(2), Art. 20. Retrieved 28.03.13, from http://nbn-resolving.de/urn:nbn:de:0114-fqs0002204

Mayring, P. (2010). *Qualitative Inhaltsanalyse. Grundlagen und Techniken* (1st ed.). Weinheim: Beltz.

Mayring, P., & Glaeser-Zikuda, M. (2005). *Die Praxis der qualitativen Inhaltsanalyse*. Weinheim: Beltz.

Merten, K. (1995). *Inhaltsanalyse. Einführung in Theorie, Methode und Praxis* (2nd ed.). Opladen: Westdeutscher Verlag.

Miles, M. B., & Huberman, A. M. (1995). *Qualitative Data Analysis. An Expanded Sourcebook* (2nd ed.). Thousand Oaks, CA: Sage Publications.

Miller, D. C., & Salkind, N. J. (2002). *Handbook of Research Design and Social Measurement* (6th ed.). Thousand Oaks, CA: Sage Publications.

Mollenhauer, K., & Uhlendorff, U. (1992). Zur Methode der hermeneutisch-diagnostischen Interpretation *Sozialpädagogische Diagnosen* (pp. 28–35). Weinheim: Beltz.

Oswald, H. (2010). Was heißt qualitativ forschen? Warnungen, Fehlerquellen, Möglichkeiten. In B. Friebertshaeuser, A. Langer & A. Prengel (eds), Handbuch qualitative Forschungsmethoden in der Erziehungswissenschaft (3rd ed., pp. 183–201). Weinheim: Juventa.

Preisendoerfer, P. (1999). Umwelteinstellungen und Umweltverhalten in Deutschland. Empirische Befunde und Analysen auf der Grundlage der Bevölkerungsumfragen 'Umweltbewußtsein in Deutschland 1991–1998'. Opladen: Leske & Budrich.

Rasmussen, E. S., Østergaard, P., & Beckmann, S. C. (2006). Essentials of Social Science Research Methodology. Odense: University Press of Southern Denmark.

Richards, L., & Richards, T. (1994). Using Computers in Qualitative Research. In N. K. Denzin & Y. S. Lincoln (eds), Handbook Qualitative Research (pp. 445–462). Thousand Oaks, CA: Sage Publications.

Ritchie, J., & Spencer, L. (1994). Qualitative Data Analysis for Applied Policy Research. In A. Bryman & R. Burgess (eds), Analyzing Qualitative Data (pp. 173–194). London: Routledge.

Ritchie, J., Spencer, L., & O'Connor, W. (2003). Carrying out Qualitative Analysis. In J. Ritchie & J. Lewis (eds), Qualitative Research Practice: A Guide for Social Science Students and Researchers (pp. 219–261). Thousand Oaks, CA: Sage Publications.

Roessler, P. (2005). Inhaltsanalyse. Konstanz: UVK.

Rorty, R. (1979). Philosophy and the Mirror of Nature. Princeton: Princeton University Press.

Schmidt, C. (2000). Analyse von Leitfadeninterviews. In U. Flick, E. v. Kardoff & I. Steinke (eds), Qualitative Forschung. Ein Handbuch (pp. 447–455). Reinbek bei Hamburg: Rowohlt.

Schmidt, C. (2010). Auswertungstechniken für Leitfadeninterviews. In B. Friebertshaeuser, A. Langer & A. Prengel (eds), Handbuch qualitative Forschungsmethoden in der Erziehungswissenschaft (3rd ed., pp. 473–486). Weinheim: Juventa.

Schnell, R., Hill, P. B., & Esser, E. (2008). Methoden der empirischen Sozialforschung (8th ed.). München: Oldenbourg.

Schreier, M. (2012). Qualitative Content Analysis in Practice. London: Sage Publications.

Schuetz, A. (1972). Gesammelte Aufsätze. Den Haag: Nijhoff.

Schutz, A. (1972). Collected Papers I: The Problem of Social Reality. Edited by M. A. Natanson and H. L. van Breda. Dordrecht, The Netherlands: Martinus Nijhoff Publishers.

Seale, C. (1999a). Quality in Qualitative Research. Qualitative Inquiry, 5(4), 465–478.

Seale, C. (1999b). The Quality of Qualitative Research. Thousand Oaks, CA: Sage Publications.

Seale, C., & Silverman, D. (1997). Ensuring rigour in qualitative research. European Journal of Public Health, H.7, 379–384.

Spencer, L., Ritchie, J., Lewis, J., & Dillon, L. (2003). Quality in Qualitative Evaluation: A Framework for Assessing Research Evidence. London: Government Chief Social Researcher's Office, The Cabinet Office.

Sprenger, A. (1989). Teilnehmende Beobachtung in prekären Handlungssituationen. Das Beispiel Intensivstation. In R. Aster, H. Merkens & M. Repp (eds), Teilnehmende Beobachtung. Werkstattberichte und methodologische Reflexionen (pp. 35–57). Frankfurt/ Main: Campus.

Steinke, I. (2004). Quality Criteria in Qualitative Research. In U. Flick, E. Von Kardorff & I. Steinke (eds), A Companion to Qualitative Research (pp. 184–190). London: Sage Publications.

Strauss, A. L. (1987). *Qualitative Analysis for Social Scientists*. Cambridge: Cambridge University Press.

Strauss, A. L. (1991). *Grundlagen qualitativer Sozialforschung: Datenanalyse und Theoriebildung in der empirischen soziologischen Forschung*. München: Fink.

Strauss, A. L., & Corbin, J. M. (1996). *Grounded Theory. Grundlagen qualitativer Sozialforschung*. Weinheim: Beltz.

Strauss, A. L., & Corbin, J.M. (1998). *Basics of Qualitative Research: Techniques and Procedures for Developing Grounded Theory* (2nd ed.). Thousand Oaks, CA: Sage Publications.

Tashakkori, A., & Teddlie, C. (2010). *SAGE Handbook of Mixed Methods in Social & Behavioral Research* (2nd ed.). Thousand Oaks, CA: Sage Publications.

Teddlie, C., & Tashakkori, A. (2009). *Foundations of Mixed Methods Research: Integrating Quantitative and Qualitative Approaches in the Social and Behavioral Sciences*. Thousand Oaks, CA: Sage Publications.

Tesch, R. (1992). *Qualitative Research. Analysis Types and Software Tools*. New York: Palmer Press.

Vogt, J. (2008). Vorlesung zur Hermeneutik. *Buch: Einladung zur Literaturwissenschaft, Vertiefung im Internet*. Retrieved from http://www.uni-duisburg-essen.de/literatur-wissenschaft-aktiv/Vorlesungen/hermeneutik/main.html

Weber, M. (1911). Geschäftsbericht auf dem 1. Deutschen Soziologentag vom 19. – 22.10.1910 in Frankfurt/Main. *Verhandlungen der Deutschen Soziologentage, Tübingen. Stuttgart: Enke, 39–52.*

Weber, M. (1978). *Economy and Society: An Outline of Interpretative Sociology (2 volume set)*. Edited by G. Roth & C. Wittich. Berkeley & Los Angeles: University California Press.

Weitzman, E. A., & Miles, M. B. (1995). *Computer Programs for Qualitative Data Analysis. A Software Sourcebook*. Thousand Oaks, CA: Sage Publications.

Wenzler-Cremer, H. (2005). Bikulturelle Sozialisation als Herausforderung und Chance. Eine qualitative Studie über Identitätskonstruktionen und Lebensentwürfe am Beispiel junger deutsch-indonesischer Frauen. Retrieved from http://www.freidok.uni-freiburg.de/volltexte/2267/pdf/Bikulturelle_Sozialisation.pdf

Witzel, A. (2000). The Problem-Centered Interview [26 paragraphs]. *Forum Qualitative Sozialforschung / Forum: Qualitative Social Research, 1*(1), Art. 22. Retrieved 18.10.11, from http://nbn-resolving.de/urn:nbn:de:0114-fqs0001228

Yarbrough, D. B., Shulha, L. M., Hopson, R. K., & Caruthers, F. A. (2011). *The Program Evaluation Standards: A Guide for Evaluators and Evaluation Users* (3rd ed.). Thousand Oaks, CA: Sage Publications.

Zuell, C., & Mohler, P. P. (eds). (1992). *Textanalyse. Anwendungen der computergestützten Inhaltsanalyse*. Opladen: Westdeutscher Verlag.

本书相关中文读物

书名	主要作者	主要译者
An Introduction to Qualitative Research 质性研究导引	Uwe Flick	孙进
Basics of Qualitative Research 质性研究的基础	Anselm Strauss	朱光明
Constructing Grounded Theory 建构扎根理论：质性研究实践指南	Kathy Charmaz	边国英
Designing and Conducting Mixed Methods Research 混合方法研究：设计与实施	John W. Creswell	游宇
Designing Qualitative Research 设计质性研究：有效研究计划的全程指导	Catherine Marshall	何江穗
Discourse Studies: A Multidisciplinary Introduction 话语研究：多学科导论	Teun van Dijk	周翔
Doing Qualitative Research Using Your Computer 质性研究中的资料分析——计算机辅助方法应用指南	Chris Hahn	乐章
Doing Qualitative Research: A Practical Handbook 如何做质性研究	David Silverman	李雪 卢晖临
Educational Research: Quantitative, Qualitative, and Mixed Approaches 教育研究：定量、定性和混合方法	R.Burke Johnson Larry B. Christensen	马健生
Engaging in Narrative inquiry 进行叙事探究	Jean Clandinin	徐泉
Narrative Research: Reading, Analysis, and Interpretatio 叙事研究：阅读、倾听与理解	Amia Lieblich	王红艳
Qualitative Data Analysis: A Methods Sourcebook 质性资料的分析：方法与实践（第2版）	Matthew B. Miles Michael Huberman	张芬芬 卢晖临
Qualitative Interviewing 质性访谈方法	Herbert J. Rubin	卢晖临

书名	主要作者	主要译者
Qualitative Text Analysis: A Guide to Methods, Practice and Using Software 质性文本分析：方法、实践与软件使用指南	Udo Kuckartz	朱志勇
The Coding Manual for Qualitative Researchers 质性研究者的编码手册	Johnny Saldana	刘颖
The SAGE Handbook of Qualitative Research 定性研究：方法论基础（1）	Norman Denzin	朱志勇
The SAGE Handbook of Qualitative Research 定性研究：研究策略与艺术（2）	Norman Denzin	朱志勇
The SAGE Handbook of Qualitative Research 定性研究：资料收集与分析方法（3）	Norman Denzin	朱志勇
The SAGE Handbook of Qualitative Research 定性研究：解释、评估与呈现及质性研究的未来（4）	Norman Denzin	朱志勇
Tricks of the trade: how to think about your research while you are doing it 社会学家的窍门：当你做研究时你应该想些什么	Howard S. Becker	陈振铎
Writing Up Qualitative Research 质性研究写起来	Harry F. Wolcott	李政贤

图书在版编目（CIP）数据

质性文本分析：方法、实践与软件使用指南 /（德）
伍多·库卡茨著；朱志勇，范晓慧译. -- 重庆：重庆
大学出版社，2017.9（2021.11重印）
　（万卷方法）
　ISBN 978-7-5689-0801-6

Ⅰ.①质… Ⅱ.①伍…②朱…③范… Ⅲ.①社会科
学—研究方法—计算机辅助分析 Ⅳ.①C39

中国版本图书馆CIP数据核字（2017）第219130号

质性文本分析：方法、实践与软件使用指南

[德]伍多·库卡茨（Udo Kuckartz）　著
朱志勇　范晓慧　译
策划编辑：林佳木

责任编辑：林佳木　　　版式设计：林佳木
责任校对：姜　凤　　　责任印制：张　策

*

重庆大学出版社出版发行
出版人：饶帮华
社址：重庆市沙坪坝区大学城西路21号
邮编：401331
电话：（023）88617190　88617185（中小学）
传真：（023）88617186　88617166
网址：http://www.cqup.com.cn
邮箱：fxk@cqup.com.cn（营销中心）
全国新华书店经销
重庆市国丰印务有限责任公司印刷

*

开本：940mm×1360mm　1/16　印张：5.75　字数：152千
2017年9月第1版　　2021年11月第3次印刷
印数：7 001—10 000
ISBN 978-7-5689-0801-6　定价：30.00元

版贸核渝字（2014）第 38 号

量表编制：理论与应用

会读才会写：
导向论文写作的文献阅读技巧

质性研究写起来
沃尔科特给研究者的建议

如何研究网络人群和社区：
网络民族志方法实践指导

设计质性研究：
有效研究计划的全程
指导（第5版）

质性研究的基础：
形成扎根理论的程序与方法

案例研究方法的应用

案例研究：设计与方法